ちくま新書

日本思想史新論
――プラグマティズムからナショナリズムへ

中野剛志
Nakano Takeshi

946

日本思想史新論——プラグマティズムからナショナリズムへ【目次】

第一章

消された系譜——古学・実学・水戸学

1　開国イデオロギーの呪縛

†「開国物語」とは何か

「開国」という言葉は、日本人にとって、単なる歴史上の一事件以上の特別な意味をもっている。

例えば、思想史家の松本健一は、次のように述べている。

「開国」とは、日本が自己とまったく異質な他者（＝ヨーロッパ）に直面させられ、その他者の「文明」のほうにみずからを開き変革してゆこうとした経験である。その第一の時期が、幕末維新期だろう。第二が大東亜戦争前後、そして第三が、冷戦構造が解体して、日本が国際社会のただなかに投げだされた現在である……。［松本二〇〇八―三六二～三］

松本は、単に外国との通商を開始することではなく、日本が国際社会の変化に応じて自国のあり方を大きく変えることを指して「開国」と呼んでいる。だから、幕末・維新期だけではなく、敗戦後の大きな変革も「開国」だというのである。第一の開国は、武力による威嚇を背景にしたペリー提督の開港要求、第二の開国はアメリカによる占領統治である。いずれの変革も、外国という他者からの圧力が契機となり、その圧力に反発するのではなく、適応することで実現したのである。この歴史観によれば、鎖国下の封建社会と戦前の体制は、共に変革すべき対象であり、対照的に、明治維新後と戦後は、変革に成功した輝かしい時代ということになる。

すでに敗戦から間もない一九五〇年には、哲学者和辻哲郎が大著『鎖国――日本の悲劇』を著し、戦前の日本を鎖国下の封建社会のイメージにつないでいる。

この本は、「太平洋戦争の敗北によって日本民族は実に情ない姿をさらけ出した」という書き出しで始まり、敗戦の原因を日本人の「科学的精神の欠如」に求めている。「合理的な思索を蔑視して偏狭な狂信に動いた人々が、日本民族を現在の悲境に導き入れた。がそういうことの起り得た背後には、直観的な事実にのみ信頼を置き、推理力による把捉を重んじないという民族の性向が控えている」〔和辻一九六四―一、傍点原文〕。

このような日本人の非合理的な民族性を形成したのが、二五〇年に及ぶ鎖国の歴史であったというのが和辻の問題意識である。もちろん、鎖国によるよい面もあるが、「しかし悪い面は開国後の八十年を以てしては容易に超克することは出来なかったし、よい面といえども長期の孤立に基く著しい特殊性の故に、新しい時代における創造的な活力を失い去ったかのように見える」〔同前―四〇一、傍点原文〕というのである。

一九五九年には、丸山眞男が「開国」と題した論文を発表している〔丸山一九九二所収〕。松本と同様、丸山もまた、一九世紀半ばに日本が国際社会に強制的に編入されたという歴史的現実だけを指して開国と呼んでいるのではない。「閉じた社会」から「開いた社会」への推移を象徴するものとして、開国をとらえているのである。

「閉じた社会」とは、タブーのような外的権威や慣習的行動様式に規定された、固定的で硬直的な前近代社会である。しかし、こうした外的権威や慣習的行動様式が破壊されると、人々は、自らの行動について、合理主義的に、すなわち内的な理性を判断基準にして、自主的な選択を下さざるをえなくなる。これが「開いた社会」である。開国とは、単に国際社会の一員になるというだけではなく、合理主義の精神を獲得するということでもある。日本は、そのような意味における「開国」のチャンスを三度もったと丸山は言う。第一は室町末期から戦国にかけて、第二は幕末維新、そして第三は敗戦である。

丸山は、鎖国時代の「閉じた社会」では、政治的権威が道徳的価値や宗教的価値と合一する傾向があると指摘している。政治的権威に逆らう者は、道徳や神聖性を崩壊させるものとみなされ、殲滅すべき敵とされるというのである。幕末で言えば、尊王攘夷論が、そうした「閉じた社会」に典型的な思想ということになる。

丸山は、尊王攘夷論に代表される「閉じた社会」の権威や慣習が崩壊して、「開いた社会」へと展開していく過程として、幕末・維新期を描いている。しかし、「閉じた社会」の崩壊から生じたエネルギーが、天皇制国家という別種の「閉じた社会」の求心力として糾合されてしまい、「開いた社会」にあるべき合理主義が十分に確立されなかったというのが、丸山の歴史観であった。もし合理主義が確立していたら、「『第三の開国』における天皇の人間宣言という悲喜劇も不用であったろうに!」〔丸山一九九二—一九二〕

国民的に人気の高い歴史作家の司馬遼太郎の関心も、合理主義にある。「日本人における合理主義はどこからきたものか。固有にあったのか、それとも南蛮人との接触によってできたのか、これは、かねてから私のたいへん気になっている事柄なんです」〔司馬二〇〇三—二六〕。

もっとも、司馬は、原理原則や価値体系に固執せず、日常経験や実用を重視する姿勢を「リアリズム」と呼び、それを「合理主義」と同一視しているが〔同前—二六二〜二七九〕、後述するように、合理主義とは、むしろ抽象的な原理原則を重視する思考様式のことであり、司馬の言う意味における「リアリズム」とは対極にある。いずれにせよ、司馬の歴史小説には、幕末・維新期を題材にして、この時期に（司馬の言うところの）「日本人における合理主義」を見いだそうというものが多いのは確かである。

司馬にとって、自らも経験した大東亜戦争は、幕末・維新期とは対照的に、合理主義の欠如の産物であった。司馬は、大岡昇平との対談の中で、戦時中の不条理な体験を山ほど話しながら、「それにしても純戦略的にいって、考えられないほど馬鹿げた戦争をしたものですね。そういう意味では、世界歴史のなかでいちばん恥ずかしい戦争ではないでしょうか」［同前―三一七］と断じている。

和辻あるいは丸山と同様に、司馬にとっても、戦前の日本は、鎖国下の江戸時代と同じ類の「閉じた社会」であった。したがって、司馬もまた、幕末の尊王攘夷の思想は「閉じた社会」から流出する典型的なイデオロギーであるとみなしている。尊王攘夷論を代表する学派である水戸学について、司馬はいまいましげにこう述べている(1)。「徳川時代に用意されて明治維新の主要思想になり、さらには戦前の国民教育の基礎になっていたのが水戸学という宙に浮いたような観念論ですもの。水戸学では世間にすむ民衆の暮らしの把握など何もできない」［同前―三四三］。

確かに、戦前の日本において、水戸学の尊王攘夷論は、国民を戦争へと動員するために

	時代	対外政策	国内政策	精神
閉じた社会	維新前 戦前	鎖国、攘夷	現状維持、 守旧	権威主義的 狂信的
開いた社会	維新後 戦後	開国、国際 化	変革、進歩、 自由	自由主義的 合理主義的

鼓吹された。特に、会沢正志《あいざわせいし》斎《さい》の著した『新論』（一八二五）は、国内が一致団結して欧米列強に対抗することを説いたものであったために、戦時中、盛んに称賛されたのである。司馬にとって水戸学は、鎖国下の閉鎖的な時代に生まれ、戦前の暗黒時代の源流ともなった忌まわしい思想であり、彼が最も嫌う非合理主義的な観念論なのであった。

　このように、戦後の日本を代表する哲学者、思想史家そして歴史小説家が、近代日本の歴史を巡って基本的に同じストーリーを展開している。そのイメージを簡略化するならば、上の表のように整理されるだろう。

　このような開国を巡る歴史物語は、戦後、知識人に限らず、多くの日本人にも共有されてきたと言ってよいだろう。すなわち、江戸時代と戦前の日本は「閉じた社会」という負の側面であり、明治時代と戦後の日本は「開いた社会」という正の側面であるという歴史観である。そして、この開国物語における最大のヒール（悪役）こそ、戦時中のイデオロギーとして作用した水戸学の尊王攘夷論なのである。(2)

　本書は、この戦後日本を支配してきた開国物語を破壊しようという企てである。そのために、筆者は、おそらく最も過激と思われる手段をとるつもりである。すなわち、戦後日本のタブーとも言うべき水戸学の尊王攘夷論、特に会沢正志斎の思想に敢えて光を当てる。そうすることで、戦後の開国物語によって隠されてきた日本政治思想の系譜を明らかにしようとするのである。

†構造改革の無残な結果

この戦後日本人が共有してきた開国物語は、単なる過去の歴史をどう見るかという問題にはとどまらない。それは、「歴史に学べ」という意識を通じて、今日の日本の政治の方向性にも大きな影響を与え、現代日本人の思考や精神をも強く束縛してきたのである。それは、「日本は、黒船来航の圧力を契機とした開国とその後の維新、敗戦後の占領がそうであったように、国際情勢の変化に対しては、従来の制度や社会構造を抜本的に破壊し、海外（特にアメリカ）の制度に合わせて新しく作り変えることで進歩してきた。これからも、そうすべきである」というイデオロギーである。

このイデオロギーは、冷戦終結とグローバリゼーションという大きな世界の変化の際に、強力に作動した。

松本健一の「第三の開国」論に典型を見るように、「冷戦後のグローバリゼーションは、幕末・維新、敗戦に類似する歴史の転換期である」というイメージが、日本人に広く共有され、現実の日本の政治や経済を動かしていったのである。まさに、九〇年代前半に始まり、二一世紀に入って加速した「構造改革」という一連の運動は、幕末・維新期や敗戦時の改革になぞらえることで、国民の圧倒的な支持を勝ち得てきた。開国物語は、構造改革を推進するためのイデオロギーとして作用したのである。

その代表的な一例を挙げるなら、一九九七年に公表された政府の行政改革会議最終報告がある。行政改革は、橋本龍太郎内閣時に行われた構造改革のうちの一つである。この最終報告は、行政改革を正当化するために、司馬遼太郎の名に言及しつつ、次のような歴史物語を披露している。

欧米列強による植民地支配のさなか、わが国は、植民地化の脅威をはねかえすべく、封建時代の桎梏から自らを解放し、近代国家へと変貌を遂げ始める。……次なる転換期は、一九二〇年頃に訪れる。それまでの驚異的な成長力と適応力の下に着実に近代国家への歩みを進めてきたわが国は、第一次世界大戦後の恐慌の発生と日英同盟の廃棄、そして満州事変、国際連盟脱退、二・二六事件への事態の展開のなかで、次第に軍靴の高鳴りに包まれ、やがて戦争への坂道を転げ落ちていくことになる。

……米軍の進駐の下、瓦礫の山を前にして、われわれは、深刻な挫折感に打ちのめされながらも、復興と国際社会への復帰への道を歩み始めたのである……。これにより、日本の国民は、戦時体制や「家」制度等従来の社会・経済的拘束から解放され、戦争の荒廃からの復興と経済的自立・豊かさを求めて一丸となって邁進した。

これは和辻、丸山、司馬そして松本が描いた開国物語の典型である。国際社会の変化への適応と「封建時代の桎梏」や「戦時体制や「家」制度」といった遺制からの解放が誇らしげに語られている。このような歴史になぞらえれば、九〇年代における日本の経済社会の閉塞感もまた、旧来の制度や慣習による拘束が原因であるということになる。維新や戦後の改革によって破壊しきれなかった日本の前近代的な桎梏が、まだ残っているのだ。それが行政改革会議の認識である。

しかしながら、われわれは真にかつての社会・経済的拘束から脱皮し得たのであろうか……。長年にわたる効率的かつ模倣的な産業社会の追求の結果、この国は様々な国家規制や因習・慣行で覆われ、社会は著しく画一化・固定化されてしまっているように思える。

要するに、この鎖国下の封建時代からある旧い日本社会の残滓を一掃するために、行政改革を行うのだというのである。まさに「第三の開国」というわけである。

行政改革に限らず、他の構造改革も、ここに示されたような歴史観と問題意識の下、規制緩和、自由化、民営化、対外市場開放といった政策を遂行してきた。例えば、構造改革を急進的に進めた小泉純一郎内閣は、二〇〇一年に「今後の経済財政運営及び経済社会の構造改革に関する基本方針」を閣議決定したが、その中でも「新世紀維新」を目指すということが謳われている。

こうした構造改革の理念は、「新自由主義」と呼ばれているが、開国物語は、まさに新自由主義を正当化する歴史観と化していたのである。冷戦後、新自由主義的な構造改革が、かくも根強く日本人の意識に浸透したのは、それが開国物語と共鳴していたからではないだろうか。

しかし、この開国物語にのっとった一連の構造改革は、その煽動者たちの歴史的な使命感に燃えた意気込みや国民の圧倒的な支持と期待にもかかわらず、明らかに無残な結果に終わった。

構造改革を推進した橋本内閣は、戦後他国に例を見ない長期のデフレ不況を引き起こした。それ以来、日本経済はほとんど成長しなくなり、一九六七年に達成した世界第二位の経済大国の地位からも陥落した。一世帯当たりの平均給与は一九九四年をピークとして、構造改革の進展とともに減少し続け、今では改革前の二〇年前の水準を下回っている。失業率は上昇し、格差問題が発生し、少子高齢化が進み、年間自殺者数は、一九九八年から今日に至るまで三万人を超え続けている。経済社会の閉塞感は、構造改革以前よりもはるかに深刻化した。国際社会における日本の存在感も著しく低下している。これが「第三の開国」の実態なのである。

†TPP参加という誤りまで引き起こす

ところが、このような悲惨な結末にもかかわらず、開国物語のイデオロギーは、依然として現代日本人の精神を支配しているのである。例えば、二〇一〇年、菅直人内閣は「平成の開国」をスローガンに掲げ、関税の完全撤廃を目指す「環太平洋経済連携協定（TPP）」への参加を検討すると表明した。(3) 現在の日本の閉塞を打破するためには国を開くことが必要だというのである。この時、新聞各紙や経済界は、この「平成の開国」をこぞって支持した。知識人やコメンテーターたちは、TPPへの参加問題を「開国か、鎖国か」といった図式で論評し、TPPへの参加に反対する農業団体の閉鎖性を批判した。しかし、奇妙なことに、日本の全品目平均関税率はアメリカよりも低い水準であり、閉鎖的と批判された農業に関しても、食料自給率の低さが示しているように、市場を海外に対して十分に開放していたのである。(4)

このように開国物語は、事実認識を歪め、政策判断を誤らせるほどにまで強固なイデオロギーとして、我々の精神や思考を支配し、拘束している。それが、平成のいわゆる「失われた二〇年」をもたらしたと言っても、過言ではない。

おそらく、戦後日本人が信じてきた開国物語の何かが、根本的に間違っていたのである。その間違いを明らかにし、「開国」という観念の呪縛から脱しなければ、我々は、将来の世代が語るに足るような歴史を残すことができないのではないか。

しかも、国際情勢は、二〇〇八年の世界金融危機をきっかけに激変し、世界各国とも極めて深刻な不況に見舞われている。経済に限らず、政治に関しても、二〇一〇年の尖閣諸島沖の中国漁船領海侵犯事件や北方領土問題の再燃など、国境近辺にも不穏な空気が漂っている。二〇一一年三月には、東日本大震災が勃発した。こうした中、政治の強力な指導力が求められていながら、実際の政治は混迷を極め、機能不全に陥っている。我が国は、まさに歴史的と言ってよいような危機的な状況に陥っている。確かに、世界の変化に応じた自国の変革が必要な時代になっている。しかし、最も変革すべきは、戦後日本人の歴史観を支配してきた開国物語なのではないだろうか。

幕末の日本は、今とは比べ物にはならないような巨大な国家的危機に直面していた。そのような危機に鋭敏に反応して生まれた思想こそ、尊王攘夷論に他ならない。尊王攘夷論者は、国難に対峙する中で、本当は何を考え、何を語ろうとしていたのか。それを今一度見直すことは、単に過去に対する見方を改めるというにとどまらず、我々の現在の危機を乗り越え、そして未来を創っていくためにも必要なのではないだろうか。少なくとも、開国物語以外の歴史を学んでみることは無駄ではないであろう。

しかし、この開国物語は、戦後、何度も繰り返し語られ、日本人の意識に刷り込まれてきたものであり、これを破壊することは容易ではない。そこで、本論に入る前に、いくつかの準備的考察を行っておく必要があるだろう。

まず、井野邊《いのべ》茂雄の古典的名著『新訂維新前史の研究』を頼りにしつつ、徳川幕府の対外政策の基本方針である鎖国とその背景にある思想について、概観することから始めよう。

2　開国までの歴史

†誤解されている鎖国

周知の通り、江戸幕府が鎖国政策をとった主な理由は、キリスト教の禁止にあった。スペインやポルトガルがキリスト教の布教を武器にして日本を侵略するのではないかと懸念したことや、国内のキリスト教徒が幕府の支配に抵抗するのではないかと恐れたことが、幕府のそもそもの動機である。

一般に、鎖国政策は、貿易相手国をオランダと中国に限定したものと言われているが、もともとは、そうではなかった。江戸時代前半の幕府は、キリスト教の普及と侵略の恐れのあるスペインとポルトガルとの通信・通商は拒絶したが、それ以外の国々は必ずしも拒絶していなかった。幕府は、むしろキリスト教の普及と分離できるのであれば、外国との通商に興味をもっていたのである。さらに、幕府は、海外の情勢から目をそむけていたのではなく、むしろ、オランダから提出される「和蘭風説書」によって、海外情報をある程度把握していた。

井野邊は、幕府の鎖国政策とは、避戦政策であったと指摘している。とにかく、戦争を避け、平和を維持することこそが幕府の基本政策であり、鎖国はその手段に過ぎないのである。言い換えれば、避戦のために鎖国し続けられなくなったら、あるいは避戦と両立するのであれば、開国もあり得るというのが、幕府の鎖国政策の本質であった。実際、一八世紀後半に、ロシアとの接触があるまでは、国際的な敵対関係はなく、対外的な警戒心は、中国において明が清にとって代わったときに一時的に高まった程度であった。江戸時代前半における鎖国つまり貿易制限の議論は、国防よりはむしろ、金銀銅の海外流出に対する懸念を巡るものに過ぎなかったのである。

しかも、幕府をはじめとする当時の日本人は、海外情勢に対して目を向けていなかったわけではなかった。当時の日本人は、鎖国政策の限界の中で、極めて旺盛に海外の知識を求めていた。例えば、新井白石は、キリスト教布教のために日本に潜入し、捕えられた宣教師シドッチを取り調べ、キリスト教や西洋の情勢について詳細に聞き出している。白石は、西洋の学問や文明の進歩を知って驚き、のちにその知識をもとに、『西洋紀聞』『采覧異言』を著している。これを契機に、西洋の学問や文化の研究、いわゆる蘭学が始まったのである。

こうした鎖国政策に動揺を与えたのは、ロシアであった。ロシアは一五世紀からシベリア経営を進め、一七世紀末にはカムチャツカに到達、一八世紀初頭には千島列島をうかがうようになっていた。こうした情勢変化の中、幕府は、その外交方針の変更を余儀なくされつつあった。中でも、大きな事件となったのは、一七九二年に起きたロシアの陸軍大尉ラクスマンの来航である。根室に到着したラクスマンは日露通商を求めたが、この問題にあたったのが、「寛政の改革」で有名な老中松平定信である。

この時、定信はさんざん悩んだ挙句、ラクスマンに「海外との対応は長崎に一元化されているので、長崎に来られたい」と伝え、長崎入港の許可証まで渡している。定信は、ロシアが恐るべき強国であることを知っており、また、国防の用意がまったく不十分であることも十分認識していた。特に江戸湾は無防備の状態であり、定信は、ロシア艦隊が江戸湾に侵入することを極度に恐れていた。そこで、定信は、苦肉の策として、ラクスマンに長崎入港の許可証を与え、開国の意図があることをほのめかしたのである。このため、ラクスマンは、日露通商が実現するものと思い込んで、帰国の途についた。

定信は、開国を覚悟していたのである。しかし、それは、海外の圧力に屈して余儀なくされた開国であり、決して積極的なものではなかった。井野邊は、このような定信の姿勢を「鎖国主義者の開国論」と評している。つまり、「主義」としては鎖国だが、「政策」としては開国というわけで、主義と政策が葛藤しているのである。

この頃、蘭学者の間から、開国論と鎖国論の両方が提唱されている。開国論を代表する有識者は、本多利明である。利明は、蘭学を通じて得た政治経済学の知識に基づき、自給自足を批判し、貿易の利益を積極的に説いた。海国である日本は、貿易によって工業品を輸出し、海外の金銀を取り入れて豊かになるべきだというのである。もっとも、海外情勢を知る蘭学者だから開国論を唱えるというわけではない。長崎のオランダ通詞《つうじ》にして有力な蘭学者であった志筑《しづき》忠雄は、ドイツ人ケンペルが著した日本史から、「日本は、港を対外的に閉鎖して貿易を禁じた政策をとっている」という記述を抄訳し、これを「鎖国論」と名づけた。これが、「鎖国」という用語の始まりと言われている。志筑は、「日本が未だ侵略されたことがないのは、鎖国政策の結果である」と賛美した。確かに、この時代の日本は国内自給が可能であり、鎖国政策のおかげで、対外戦争に巻き込まれずにすんでいた。この頃の日本が入手可能な内外の情勢の最新情報に接し、現実主義的に判断したとしても、鎖国という結論になることは必ずしも非合理的ではないだろう。

†本当の鎖国はレザノフ来航以降

松平定信は、消極的な理由ながら開国を覚悟し、ラクスマンに長崎入港の許可証を与えて帰国させた。すると、一八〇四年、レザノフがラクスマンの持ち帰った入港許可証を携えて、長崎に来航し、通商を求めたのである。ところが、この時、定信は老中の座になく、定信の後を継いだ老中たちは避戦政策を徹底して、より厳格な鎖国政策へと大きく舵を切っていた。

幕府はレザノフの通商の要求を拒絶した。注目すべきは、レザノフへの応答の書面の中で、通商拒絶の理由として、通信は朝鮮と琉球、通商は中国とオランダに限定するのが国策であると主張している点である。しかし、すでに述べたように、通商を中国とオランダに限定するのが国法であるというのは事実ではない。つまり、このレザノフへの対応をもって、通商を中国とオランダに限定するという、いわゆる一般に理解されている鎖国制度が新たにできたのである。

幕府に追い返され、期待を裏切られたレザノフは憤懣やるかたない心境で帰国するが、これが事件を引き起こすことになる。このレザノフの不満を受けて、部下のフォストフとダビドフらがサハリン、択捉《えとろふ》、利尻などに上陸して乱暴狼藉を働いたのである。この事件を契機に、識者の間でロシア脅威論が高まった。ロシアに対する主戦論を唱えたのは、平山行蔵《こうぞう》や蒲生君平《がもうくんぺい》らである。彼らは、国内制度を整備し、軍備を抜本的に強化することを唱えた。他方、古賀精里《せいり》や杉田玄白らは、対ロシア強硬論に反対して、避戦論を主張した。

ただし、彼らは単に弱腰外交に与《くみ》したのではない。今は一時的にロシアと和睦し、時間を稼いで、その間に国力を充実させて、防衛力を高めるべきだというのが彼らの主張であった。

一八〇八年には、フェートン号事件が起きる。オランダ商船を追ってきたイギリスの軍艦フェートン号が突然長崎に入港し、二名のオランダ人を拉致するという事件である。このフェートン号事件に前後して、幕府や識者たちは、オランダからの情報、ロシアに捕えられた高田屋嘉兵衛《かへえ》、あるいは逆に捕えたロシア人ゴローニンからの情報などによって、イギリスが最強国として台頭しつつある世界情勢をかなり把握するようになっていた。

こうしたことから、例えば、蘭学者の大槻玄沢《げんたく》は、イギリスに対する非開国を主張するなど、一種の攘夷論を展開した。中でも、この時期に特に注目すべき論者は、佐藤信淵《のぶひろ》である。信淵は、基本的には、通商によって国を豊かにすることを唱え、国内の自給自足を否定する開国論者であった。しかし、同時に信淵は、開国の前提条件として、武力を抜本的に強化することを強調したのである。彼は、西洋の歴史を研究して、西洋列強が軍事力を背景にして海外市場を獲得し、勢力を拡大していったことを知ったからである。

信淵は、基本的には開国論者ではあったが、ロシアに対しては、その帝国主義を警戒し、日露通商を否定した。そして、カムチャツカとオホーツクが、ロシアの東洋侵略の拠点となるに違いないと判断し、ロシア側の防備が手薄な今のうちに、カムチャツカとオホーツクを奇襲して支配下におさめ、ロシアの出鼻をくじくべきだという、壮大な戦略論まで展開している。

このように大槻玄沢や佐藤信淵は、海外情勢に関する当時の最先端の知識をもって、イギリスあるいはロシアに対する鎖国・攘夷を主張したのである。

フォストフらによる暴行事件、そしてフェートン号事件は、対外的な緊張感を急激に高めた。しかし、その後の日露交渉で、ロシア側はフォストフらの行為を謝罪したので、幕府側は安堵し、また、フェートン号事件も、時がたつにつれて忘れられていった。人々は再び泰平の世に慣れていったのである

他方、この頃から、イギリスの捕鯨船が日本近海にしばしば現れるようになり、ときおり、薪や水、食糧を求めるようになっていた。しかし、これらの船は軍艦ではなく漁船であったので、幕府や一般庶民は、あまり警戒をしていなかった。むしろ、日本の漁民たちは、イギリスの捕鯨船に近づいて、捕鯨術を教えてもらったり、日本語を教えたり、商品を交換するようにすらなっていた。

こうした中、幕府は、一八二五年に有名な異国船打払令を出す。これは、オランダ以外の西洋の船は、これを沿岸から追い払えという命令である。この打払令は、よく幕府の攘

夷政策と思われているが、実際には、そうではなかった。幕府は、むしろ外国による侵略に対する警戒心が薄れたからこそ、打払令を出したのである。

当時、沿岸に接近する外国船に対し、沿岸の藩は総出で対応し、薪や水、食糧を供与していた。しかし、外国船が頻繁に現れるようになるにつれ、沿岸の各藩が対応にかけるコストは、ばかにならなくなっていた。そこで、幕府は、外国船を沿岸に近づけないようにして、外国との接触を断ちたいと考えたのである。もし、外国船を打ち払うことにしても、しょせん、ほとんどが捕鯨船など漁船なので、深刻な外交問題にはならないだろう。また、イギリスがたとえ強国とはいえ、はるばる遠方から大軍を送り込んで、日本を侵略する力はないだろう。幕府は、このように判断していた。要するに、打払令は、幕府の攘夷政策ではなく、その逆に、外国船との接触を断ち、海外とのトラブルを未然に防ぎたいという避戦政策として、出されたのである。

しかし、アヘン戦争による清の敗北の報が入ると、極東情勢は、緊迫の度を一挙に高めることとなった。一八四四年、オランダ国王は幕府に書簡を送り、開国を助言した。オランダ国王は、欧州諸国の貿易は年々盛んになっていること、蒸気船の発明で世界が飛躍的に小さくなったこと、鎖国を強行すると戦争に巻き込まれかねないことを挙げつつ、鎖国政策を改めるよう、忠告をしたのである。しかし、幕府は、この忠告を受け入れなかった。

ただし、幕府も、ただ手をこまねいていたわけではなかった。老中阿部正弘は、アヘン戦争を受けて、幕閣や有力大名あるいは有識者らとともに、国防の策について真剣に議論している。例えば、外国船の打ち払いを主張していた代表的攘夷論者の水戸藩主徳川斉昭《なりあき》ですら、阿部との議論でその不可能を知り、自説を撤回している。また、阿部は武家諸法度に定められていた大船建造の禁を解くための議論も重ねている。しかし、いかんせん、時間がなさすぎた。

一八五二年、オランダは再び、幕府に開国を忠告した。その際、アメリカが日本の開国を実現すべく、ペリー提督が率いる数隻の艦隊が中国の海岸にまで来ていること、そしてアメリカは武力行使も辞さない構えであることが伝えられた。つまり、幕府は、ペリー来航の一年前に、オランダを通じてそれを察知していたのである。一般に誤解されているように、ペリーが何の前触れもなく浦賀沖に現れて、情報に疎く不用意な幕府を慌てさせたのではなかったのである。とはいえ、この段階に至っては、もはや幕府には、ペリーの要求に屈する以外に打つ手はなかった。

ペリーの一度目の来航の後、幕府は、諸大名や要職にある者らにアメリカの国書を公開して、開国の是非を諮問している。このとき、開国論・避戦論が大勢を占めた。在野の識者の間の議論も、開国論・避戦論が優勢だったようである。海外情勢を知る一部の開明的な識者だけが開国を支持し、世論一般は攘夷に傾いていたというわけではなかった。むしろ、幕府は、この段階では、言わば世論の支持を背景にして開国に踏み切ったのである。

†攘夷としての維新

このように江戸時代の開国までの歴史を振り返ってみると、真実は、世間一般のイメージとはかなり違うことが分かる。特に重要なのは、次の二点である。

第一に、幕府、鎖国論者そして攘夷論者は、海外情勢に疎かったわけでは決してない。むしろ、彼らは、海外情報を積極的に収集し、オランダなどを通じて海外情勢を相当程度把握していた。特に、幕府は、突然の黒船来航に驚いたわけではなく、一年前にはペリーの来航を察知していたのである。鎖国論や攘夷論を、内向きといった精神論や、排外主義といった感情論の産物ととらえるのは間違っている。それらは、海外情勢を把握した上で合理的に組み立てられた国家戦略だったのである。

第二に、西洋の接近が意識されるようになったラクスマン来航以降、対外政策上の思想（あるいは主義）の対立軸は、「攘夷vs.開国」「鎖国vs.開国」ではなく、「避戦vs.攘夷」であった。すなわち、事なかれ主義で平和の維持を求めるか、あるいは積極的に国家の独立を維持しようとするか、という路線の対立だったのである。言い換えれば、対外政策上の目的は「避戦か、攘夷か」であり、「開国か、鎖国か」はその目的のための手段に過ぎない。だから、攘夷のために開国を支持するという議論もあったというわけである。

この「攘夷／避戦」の対立軸と、「鎖国／開国」の関係、そしてそれらに対応する論者をまとめるならば、上の表のようになる。

	鎖国	開国
避戦	レザノフ来航後の幕府	松平定信 ペリー来航後の幕府
攘夷	平山行蔵、蒲生君平 大槻玄沢、佐藤信淵	杉田玄白、古賀精里 （佐藤信淵）

井野邊の著作は戦前のものであるが、最近では、三谷《みたに》博も井野邊の解釈を踏襲しつつ、同様の分類を行っている。さらに三谷は、この四類型の立場がペリー来航から明治維新にかけてどのように連携し、変化したかについて、次のように論じている。

ペリー来航後、幕府をはじめとする鎖国論者の多くは、その目的が避戦であったがゆえに、外圧を前にして、避戦・鎖国論から避戦・開国論への移行を余儀なくされた。これに対して、攘夷・鎖国論者の中には、例えば横井小楠《しょうなん》や橋本左内のように、攘夷・開国論に移行する者が現れた。また、攘夷・鎖国論者と攘夷・開国論者は、対外政策では対立していたが、内政改革の面ではしばしば連携していた。他方、当初優勢だった避戦・開国論は、安政の大獄以降、評価を落とし、逆に攘夷論が勢いを増した。そして、攘夷・鎖国論者が、下関戦争や薩英戦争における苦い経験を通じて、攘夷・開国論へと転換すると、「鎖国か、開国か」という対外政策は主たる争点ではなくなり、内政改革への態度を軸として政治運動が展開していくことになったのである〔三谷一九九七―六九〜七一〕。

このように見ると、討幕そして維新とは、鎖国から開国への変化ではなく、避戦から攘夷への転回であったということが分かる。そもそも、鎖国から開国への転換を行ったのは幕府である。そして、討幕・維新の担い手となった人々が打倒しようとした幕府の政策とは、鎖国ではなく避戦であった。明治維新が目指したのは開国というよりは、むしろ攘夷であったのである。

以上のような井野邊＝三谷の研究に依拠するならば、戦後日本を支配してきた開国物語の一角が、早くも崩れ始めることになるだろう。なぜなら、徳川幕府の基本政策が「避戦・開国」で、明治維新が「攘夷・開国」の具現化であるならば、敗戦後の日本が進んだ方向は、徳川幕府の「避戦・開国」に近いものであろうからだ。言うまでもなく、戦後日本の外交方針は、日本国憲法に象徴されるように、避戦であって攘夷ではない。しかも、戦後日本は、徳川幕府と同様に、その避戦政策の現状維持に固執し、日本国憲法についても改正しないままである。要するに、幕末・維新期の「第一の開国」は、その精神において、敗戦後の「第二の開国」とはまったく反対のものなのである。

さて、攘夷論が「鎖国・攘夷」から「開国・攘夷」へと転回し、そして明治維新が「開国・攘夷」を目指した政治運動であるならば、攘夷論は、もはや「閉じた社会」に典型的な排外思想や狂信的な国粋主義として打ち棄てることはできなくなるであろう。それどころか、攘夷こそが、幕末・維新期の精神の中核にあったのである。我々が幕末・維新期の開国の歴史から学ばなければならない時代に生きているのだというのなら、なおさら、攘夷論から目をそむけてはならないはずである。

以上のような理解を踏まえた上で、改めて尊王攘夷論における最大の理論的指導者である会沢正志斎と向き合ってみよう。

3 会沢正志斎の『新論』

†『新論』の先駆性

会沢正志斎（一七八一〜一八六三）は、江戸時代後期の水戸藩の重臣であり、藤田東湖《とうこ》とともに、尊王攘夷論を唱えた水戸学を代表する人物である。その主著『新論』は、西洋列強の接近に警告を発し、その対応策として尊王攘夷を論じたものである。『新論』は一八二五年に著された。ペリー来航より二八年も前のことである。

尊王攘夷と言えば、国際情勢に疎い幕末の武士たちによる狂信的で攻撃的な排外主義に過ぎないものというイメージが定着している。もちろんそれは、故なきことではない。

大老井伊直弼による日米修好通商条約の締結以降、京都を中心に、狂信的な尊王攘夷論者による殺戮が繰り返された。長州藩による西洋列強四カ国との下関戦争などは、確かに尊王攘夷論の無謀や非合理性を印象付ける例である。しかし、会沢正志斎や藤田東湖らに指導された水戸学の尊王攘夷論は、そのような無分別な国粋主義や排外主義などでは決してなかった。

例えば、正志斎は、洋学から世界情報と技術を積極的に摂取していたし、「攘夷の巨魁《きよかい》」と評された水戸藩主徳川斉昭も、洋学の研究や海外情報の収集に努め、望遠鏡や洋式銃を自ら製作してすらいた。尊王攘夷論というと国粋主義と連想されがちであるが、そもそも、水戸学は中国を出自とする儒学の一学派なのであって、本質的に国粋主義ではあり得ないのである。また、斉昭も正志斎も、鎖国に固執したわけではなく、情勢の変化に応じて開国に賛成するなど、戦略的で柔軟な思考の持ち主であった。要するに、水戸学の尊王攘夷論は、「攘夷・鎖国」論から「攘夷・開国」論へと転回しうる思想であったのである。

三谷博は、正志斎らの尊王攘夷論とは、「攘夷を起爆剤として国内の「大和魂」を喚起し、それによって政治的・軍事的改革を遂行し、国力の充実をみたのち、積極型の開国論に移行しようという戦略」〔三谷一九九七―七〇〕であったと述べている。それは、鎖国の維持と内政の現状維持を重んずる「鎖国守旧論」ではなく、表面上は鎖国を唱えながら、本当の狙いは対外関係に備えた抜本的な内政改革にあるという大胆な「攘夷改革論」であったのであり、それゆえ、当時の野心的な志士たちを強烈に惹きつけたのだというのである。

しかも『新論』は、危機が顕在化してから、世の求めに応じて作られた後手の弥縫策《びほうさく》ではなかった。『新論』は、時代に先んじて、危機の到来を予見して構想された国家戦略であったのである。

『新論』が書かれたのは、幕府が異国船打払令を出した一八二五年である。すでに述べたように、この打払令は、事なかれ主義の「避戦・鎖国」政策から出されたものに過ぎず、当時は、むしろ外国による侵略に対する警戒心が薄れてきていた。正志斎は、当時の危機意識の後退と油断に対して警鐘を鳴らし、来るべき西洋列強による侵略に備えるために、『新論』を著したのであった。(5) 正志斎の尊王攘夷論は、予期せぬ西洋の衝撃に対する感情的な反発などではなく、周到に準備された国家戦略だったのである。

†『新論』の戦略性

『新論』は、当時の水戸藩主徳川斉脩《なりのぶ》に提出されたが、その内容があまりに危険すぎるということで公表されなかった。しかし、その二〇年後、水戸藩主徳川斉昭が幕府に謹慎を命ぜられ、正志斎も幽閉された際、正志斎の門人たちが『新論』の写本を公表し、全国に流布させた。折しも、国内は、アヘン戦争によって清というアジアの超大国がイギリスに敗北したことで、西洋の脅威に対する危機感がかつてなく高まっていたところであった。そこに投じられた『新論』は、吉田松陰をはじめとする幕末の志士たちに多大な衝撃を与え、まさに燎原《りょうげん》の火のごとく、瞬く間に全国に広まった。幕末の志士たちの間では、これを読まなければ志士の資格がないとみなされるほど『新論』は流布し、彼らのバイブルとなったのである〔源一九七三―二一六〕。

しかし、戦後日本においては、水戸学の尊王攘夷論についての評価は極めて低い。その政治的影響力こそ倒幕や維新の原動力になったのかもしれないが、その思想の中身には学ぶべきものがあるとは考えられてこなかったのである。例えば丸山眞男は、水戸学の尊王攘夷論に対して、封建反動思想という評価を下している〔丸山一九五二―三五〇～一〕。丸山の歴史観に批判的な佐藤誠三郎もまた、正志斎を「攻撃的ナショナリスト」だとみなしている〔佐藤二〇〇九―八〜一二〕。最近でも、子安宣邦《のぶくに》が、日本のナショナリズムの言説を思想史の中にたどり、『新論』で登場した「国体」の概念が、排他的で優越的な「日本民族」概念を中核とする帝国日本の国家イデオロギーへと発展し、近代日本を支配することとなったと論じている〔子安二〇〇七〕。

こうした否定的な評価のためか、近年、水戸学の研究は少ないという〔三谷一九九七―七四注二〇〕。それどころか、水戸学を研究する吉田俊純《としずみ》は、戦後の学界には、水戸学を研究すること自体が無意味あるいは危険だという雰囲気があったと指摘し、水戸学研究者だというだけで右翼だと思い込まれたことすらあったと吐露している〔吉田二〇〇三―二二三〜四〕。また「戦後、良心的な人ほど水戸学を嫌った」〔同前―二二二〕とも述べている。戦後の「良心的な人」たちは、「開いた社会」を唱道しながら、水戸学に関しては、これをタブー視するという閉鎖的な態度をとっていたようである。

しかし、こうした戦後の先入観を排して『新論』に目を通してみると、そこには、極めて洗練された実践哲学に基づき、世界情勢を視野に置いた壮大な国家戦略があることが分かるだろう。

『新論』は、「国体」「形勢」「虜情《りょじょう》」「守禦《しゅぎょ》」「長計」の五編から構成されている。「国体」編は、文字通り日本の国体（constitution）を論じている。なお、戦前まで頻繁に用いられた「国体」という言葉は、『新論』において初めて登場したものである。次いで「形勢」編は国際情勢を分析し、「虜情」編は列強の侵略の意図を暴き、「守禦」編は富国強兵のための内政改革を論じる。そして最後の「長計」編は長期的な国家計画を提示するのである。このように、『新論』は、極めて体系的な国家戦略の構成をとっている。

そのうち、「形勢」編において示された国際情勢の分析は、今から見れば不正確な点も多々あるものの〔長尾一九八三、吉田二〇〇三―七二〜三〕、当時の世界は列強が覇を争う「戦国」の世であるという基本的な状況認識はおおむね正しかった〔三谷一九九七―四七〜九〕。

また「虜情」編においては、西洋列強の侵略的意図に関し、「人の国家を傾けんと欲せば、即ち先《ま》づ通市《つうし》に因りて其の虚実を窺ひ、乗ずべきを見ば則ち兵を挙げて之を襲ふ。不可なれば則ち夷教《いきょう》を唱へ、以て民心を煽惑《せんわく》す」〔新論上―七九〕と論じている。実際、一六世紀においては、スペインやポルトガルの貿易や布教は、征服と密接不可分であった。また、フランスは武力による布教の押しつけを契機としてヴェトナムを植民地化し、イギリスは貿易を口実にアヘン戦争を引き起こした。こうした事実を踏まえると、貿易と布教は西洋帝国主義の武器であると判断したのも、妥当であると言えるだろう〔長尾一九八三―四九〕。

正志斎は、和蘭風説書《オランダふうせつがき》や前野良沢《りょうたく》ら蘭学者の翻訳書、工藤平助や林子平の著作、あるいは清の漢籍など多くの資料を読んでいた。また水戸藩領の大津浜にイギリス人が上陸した際には、正志斎は筆談役としてこれに対応し、彼らからインドがイギリス領になったことなどを聞いている［吉田二〇〇三―六三〜五］。

『新論』は、当時において入手可能な第一級の資料に基づいて書かれていたのである。『新論』を読んだ川路聖謨は「此人軍機もあり、才もあり、眼もあり、漢土日本より外国のことまでを知りたる人なり、よほどの人物なるべし……誰にや、筆者きゝたき事也」と嘆息したと伝えられている［西村一九三六―一七四］。開明的で優秀な幕府官僚であり、外交の最高機密にもアクセスできたと考えられる川路をしてこのように言わしめているのであるから、正志斎の情報収集力と分析力の高さがうかがえる。

さらに正志斎は、「其の変に通じて、民をして倦《う》まざらしむ。要は機会に投ずるにあるのみ」［新論上―五三］と臨機応変の必要を説いている。実際、正志斎自身が、『新論』の執筆後、急展開する情勢の変化に合わせて、自らの政治的態度や政策論を柔軟に変更している。特に、ペリー来航後には、『時務策』を著して開国を容認し、積極的な開国によって富国強兵を図り、国家の独立を守るべしという攘夷・開国論に転じている。正志斎は、非現実的な鎖国を頑迷に唱え続けた守旧派ではなかったのだ。

†『新論』の論理性

『新論』は、日本を神州と呼び、世界の中心であると強調して強烈なナショナリズムを表現し、攘夷を唱えている。しかし、その攘夷論は、決して理性を欠いた感情表現などではなかった。例えば正志斎は『新論』の中で、単に排外主義的な劣情や恐怖心に訴えるのではなく、想定される反対論を列記して、それを論理的に反駁してみせ、自らの攘夷論の説得力を強化しようとしているが、それは次のように、極めて知的な議論の展開であった。

第一に、「最近、ロシア人が近海に現れて日本に接触を図っているのは、食糧としての米穀を求めているに過ぎず、禍心《かしん》はない」という見解がある。これに対して、正志斎は「ロシア人は米を常食とせず、たとえ必要でもすでに西洋が領有したインドや南海で入手可能なはずだ。したがって、彼らの目的は他にあるに違いない」と反論を加えている。

第二に、「近海に出没する船舶は、漁船や商船に過ぎないのであり、したがって捕鯨や交易が目的だ」という議論がある。正志斎は、この見解については「鯨であれば、ロシアに近いグリーンランド近辺の海でも採れると聞いている。それがなぜ、極東に来る必要があるのか」と地理的事実を挙げつつ批判し、西洋の船舶はいつでも戦艦に代わる仕組みであることを指摘して警戒を促すとともに、西洋人が日本付近の航海に習熟するのは軍事的に危険であると主張するのである。もっとも、当時、グリーンランド近辺での鯨の漁獲高が減少していたらしいのだが、注目すべきは、正志斎がグリーンランドの周辺で捕鯨が行われていたことを知っており、その情報を根拠に、自分の論理を組み立てているということだ。

第三に、「西洋は恩をもって慰撫《いぶ》すればよいではないか。脅して怒りを買うのは、かえって危険である」という事なかれ主義の議論があるが、正志斎は「西洋の世界支配の意志は、数百年の昔から固まっているのだ」と一蹴する。もっとも、当時、西洋諸国は日本にはほとんど関心をもたず、領土化しようとする意志はまったくなかった。しかし、長期的に見ると、西洋諸国が一六世紀以来、世界支配の運動を展開していたのは事実であり、この正志斎の見解は妥当なものであったと言えるだろう〔三谷一九九七―五二～三〕。

第四に、「日本は神州であり、兵は精鋭であるので、夷狄《いてき》など恐れるに足りない」という勇ましい意見があるが、これに対しては、正志斎は「二百年も実戦経験がない兵など、使いものにはならない」と嘲笑し、大艦の製造など抜本的な軍事力増強の必要性を強調している。正志斎の尊王攘夷論は、後に、下関戦争という無謀な攘夷戦争に突入した長州藩の尊王攘夷論とはまったく異なり、「敵を知り、己を知る」という軍事的現実主義に立脚したものであったのである。

第五に、「西洋は地理的に遠く、軍事力は小規模であるので、問題は少ない」という見解がある。しかし、正志斎は、「戦争の勝敗は兵力の多寡ではない。外敵はたとえ少数でも、民衆を味方に引き込むことで国家を奪うおそれがある。特に、キリスト教は、そのような戦術に習熟している」と指摘している。実際、兵力の数で劣る西洋が遠方のアジアにある国を侵略しうることは、『新論』から約二〇年後に、アヘン戦争によって証明されたのである。

第六に、キリスト教に対しては、「たとえ西洋諸国がキリスト教をイデオロギーという武器として用いようと、俗悪なキリスト教では、君子は欺けない」という楽観的な見方があるが、正志斎は「この世に君子は少なく、多数の愚民が惑わされれば、如何ともしがたい」と批判を加えている。その上、さらに重ねて「キリスト教の禁制は厳格だから、大丈夫だ」という想定問を設定し、「いくら禁制が厳しくても博徒や呪術師がこの世からなくならないのと同じで、キリスト教が民心を惑わしたら制止することは不可能になる」と再度反論してみせるという徹底ぶりである。

このように『新論』を繙いてみると、現代日本人にはほとんど期待できないと言いたくなるような、卓越した戦略眼、高度な国際感覚、そして知的な論争術が現れてくるのである。鎖国下の徳川日本が丸山の言うような「閉じた社会」であったのならば、このような世界に開かれた実践的知性がどうして可能になったと言うのだろうか。正志斎の水戸学は、どのようにして形成されたのであろうか。

4　実学から尊王攘夷へ

†尊王攘夷論の源流

尊王攘夷論は、一九世紀の西洋列強の接近に伴う対外的危機感の現れとして発生したと考えられている。尊王攘夷論を単なる排外主義的な感情の表現としてとらえれば、そうなるであろう。しかし、もしそれが、一貫性のある思想に基づく国家戦略なのだとしたら、国際的緊張の高まりによってだけで成立するものとは考え難い。では、水戸学は、どのような系譜をたどって成立したのであろうか。

そもそも水戸学は、徳川光圀《みつくに》による『大日本史』の編纂事業に起源をもっている。しかし、この編纂事業にたずさわった学者たちの思想的立場は、一八世紀の後半を境として大きく変化した。思想史上、水戸学はこの変化をもって前期と後期に区分されている。尊王攘夷論で知られるのは、「後期水戸学」である。尾藤正英《びとうまさひで》や橋川文三《ぶんそう》は、この後期水戸学への思想上の変化には、古学《こがく》が大きな影響を及ぼしていると指摘している［尾藤一九七三、橋川一九七四］。古学とは、江戸時代の日本において生まれた儒学の一学派である。

渡辺浩によれば、徳川日本における儒学は、その政治とのかかわり合いの違いから、中国や朝鮮とは大きく異なる独特の発展を遂げた。

中国歴代の王朝は儒学を重んじてきたが、特に宋代以降、儒学的教養を試す官僚登用試験である科挙が完全に確立し、家柄や財産を問わず科挙を通じて選抜された官僚が皇帝を支え、政治を支配するようになった。こうした中、朱子学が正統教義として確固たる支配的地位を占めることとなった。

これに対して、日本においては、江戸時代初期に朱子学が本格的に学ばれ始めたが、中国や朝鮮のように朱子学が政治を支配するようなことにはならなかった。徳川日本は武家支配の社会であり、中国や朝鮮とは異なり、科挙制度を通じた儒学的教養人による政治支配体制ではなかったからである。それゆえ、日本では、朱子学とは異なる儒学思想が次々と登場したし、朱子学の内部においても比較的自由に思想が展開した。こうして日本の儒学は、様々な学派を形成しながら普及していったのである［渡辺一九九七、二〇一〇］。古学も、そうした江戸時代の儒学の自由な展開から生まれた思想潮流の一つである。

もっとも、江戸時代における朱子学は、体制的に正統イデオロギーとして君臨することはなかったとは言え、思想世界において大きな地位を占めていたのは間違いがないし、その壮大で堅固な体系を掘り崩すのは容易なことではなかった［田尻二〇〇八―一一五～七］。したがって、その朱子学に大胆にも挑戦した古学の登場は、やはり思想史上の画期をなす事件であったと言えるだろう。

古学は、山鹿素行《やまがそこう》（一六二二～八五）、伊藤仁斎《じんさい》（一六二七～一七〇五）とその子東涯《とうがい》（一六七〇～一七三六）、荻生徂徠《おぎゅうそらい》（一六六六～一七二八）や彼らの門弟たちによって形成され、発展した思想であり、中でも重要なのは、伊藤仁斎の古義学《こぎがく》と荻生徂徠の古文辞学《こぶんじがく》である。古学は、江戸時代の初期に儒学の主流をなしていた朱子学を根本から否定するものであり、徳川時代の儒学のシーンを一変させただけでなく、後の国学の成立にも寄与したと考えられている。古学は、徳川時代の儒学において最も独創的な思想の一つであり、また日本人の国民性や日本文化の特性をよく反映した思想であるという評価もある［源一九七三―五三］。

後期水戸学は、この古学の影響を受けて成立したというのである。とりわけ、会沢正志斎は、水戸学者の中でも特に徂徠の影響を強く受けていた［吉田二〇〇三―六一～二、一四〇～八］。だとするならば、『新論』に示された尊王攘夷論の底流には、古学があると考えて差し支えなさそうである。古学を理解すれば、正志斎の攘夷論の根底にある哲学が明らかになるかもしれない。さらには、幕末・維新を動かした原動力である攘夷論の源流は、古学という江戸時代における儒学の一学派にあったということなのかもしれない。それは、すなわち、開国や維新の前後で断絶しなかった日本の思想的伝統の水脈だということなのかもしれない。

では、「古学」とは、いかなる思想なのであろうか。

†朱子学の思考様式

古学は、朱子学に対する批判として成立した思想である。そこで、古学とは何かを知るための前準備として、朱子学の基本的な教義について、特に仁斎や徂徠が批判の焦点を当てた側面を中心に、簡単に述べておきたい(6)。

朱子学は、宇宙論から人性《じんせい》論さらには人間規範までに及ぶ一大理論体系である。その壮大な体系をごく簡略化するなら、次のようなものとなる。

まず、宇宙万物の究極の根源には、「太極《たいきょく》」という原理があるとする。この太極から陰と陽の二つの「気」が発生する。その陰陽二気の変化によって水火木金土の五行が発生し、四季の移り変わりなど自然の現象が形作られる。太極は宇宙万物を超越した究極の「理」であり、万物がもつ「気」の発生の根拠であるが、他方で、「理」もまた「気」と同等に、万物に内在する。

万物が有する「理」と「気」は、次のような違いがある。「理」が物の「性《せい》」を決定し、「気」は物の「形」を決定する。「理」が決めるのは「本然《ほんぜん》の性」と呼ばれ、「気」が決めるのは「気質の性」と呼ばれる。

万物は平等に「理」をもっているのであるが、「気」の受け方は個体によって異なるので、個体差が現れるというのである。例えば、人間も「理」に支配された自然の営みの一部であり、人間も他の動物も等しく「理」をもっている。しかしながら、人間は動物の中でも最も優れた「気」を受けているので、他の動物より上位の「万物の霊長」なのであるとされる。こうして、世界におけるあらゆる現象が、「理」と「気」の結合として理解されるのであるが、ポイントは、根源的なのは「気」ではなく「理」であるということである。

「理」と「気」によって説明されるのは、自然現象や、人間と他の動物との違いだけではない。人間の間の優劣も説明されるのである。

人間は等しく「理」を有している。人間の内に本来存在している「理」は、絶対的な善性である。しかし、潜在的には、誰もが「理」（「本然の性」）を有しているのであるが、人間の「理」のまわりには「気」（「気質の性」）が覆っている。その「気」が個人によって違うのである。

気から、情念や欲望が生まれる。通常の人間は、与えられた気が混濁していて、情念や欲望が発生し、それが人間の根源的な本質である「理」を覆って曇らせている状態にある。そこから、人間悪が発生するのである。これに対して聖人は、与えられた気が清く澄んでいるので、「理」がはっきりと発現している。人間の善し悪しは、その「理」を覆っている「気」の清濁の差である。

したがって、情念や欲望を改善して、理を顕在化させることができれば、人間の善が実現するはずである。こうして、自然法則であった「理」と「気」の理論(物理)は、「人間は、かくあるべし」という規範の理論(道理)へとつながっていく。

情念や欲望による混濁を振り払い、「気質の性」を改善して「理」あるいは「本然の性」を回復するためには、どうすべきか。一つは、純粋な内省によって「本然の性」を直観する精神修養(「守静持敬」「居敬静坐」)であり、もう一つは事物の理を窮める知的探求(「格物《かくぶつ》致知《ちち》」)である。こうして、欲望を滅却して「本然の性」を回復し、世界の原理を窮めた時、その人は聖人となることができる。

このように、朱子学は、「理」という一つの原理で、自然現象から人間性、さらには人間規範までを一気通貫で説明する強力な理論体系であり、そして極めて合理主義的な性格をもっているのである。

†朱子学と合理主義

合理主義を近代固有の思考様式とみなす通俗的な見方からすれば、封建社会のイデオロギーである朱子学が合理主義的であるというのは、違和感を覚えるかもしれない。陰陽五行説など、荒唐無稽な前近代的迷信に過ぎず、むしろ合理主義の対極にあるように思われるかもしれない。そこで、「合理主義」とは、どのような思考様式であり、朱子学がどういう意味において合理主義と言われるのかを整理しておきたい。

「合理主義」とは、簡単に言えば、「世界を支配する根本原理を発見できる理性の力を信じ、その理性が発見した（とされる）原理に基づいて、現実の世界を理想的なものへと改変できる」と考える思考様式のことである。(7) そのような合理主義の思考様式は、確かに近代世界において支配的な影響力を及ぼしてきた。

例えば、近代の政治経済学について言えば、かつて、マルクス主義者たちは、マルクスの理論が発見した歴史の法則に従って、理想の共産社会を建設しようと、革命を企てた。あるいは、主流派（新古典派）経済学の経済学者に代表される経済自由主義者もまた、数学的抽象論理が導き出した市場の公理系を根拠として、個人主義的な人間規範を唱道し、民営化や規制緩和などの改革を提言し、実行を促してきた。つまり、共産主義者も市場原理主義者も、理性が発見したとする原理や法則の内容が違うというだけで、理性の力のみによって世界の公理や法則を発見し、それらに従って現実の世界を理解し、さらには改造しようとしているという点では、同じ合理主義者なのである。

このマルクス主義や主流派経済学の公理や法則を、朱子学の陰陽五行説に置き換えてみさえすれば、朱子学の思考様式もまた、まぎれもなく合理主義であることが分かるであろう。実際、江戸時代の蘭学者たちは、西洋の科学を、朱子学における「窮理《きゅうり》」、すなわち「理」を探求する学問として理解していた〔渡辺二〇一〇―三四七〜三五一〕。近代科学の合理主義は、朱子学の合理主義と通底するものとして受け止められたのである。

一見すると、朱子学が近代科学にも通じる合理主義なのであれば、朱子学こそ、近代的な国家戦略にふさわしい思想であるかのように見える。実際、合理主義こそが国家戦略に必要な思考様式であると考えている人は多いだろう。

しかし、実際には、合理主義が政治や社会に応用されると、実に硬直的で形式的な世界をもたらしてしまうのである。朱子学が政治と密着して支配的イデオロギーと化した宋代以降の中国や朝鮮が、まさにそうであった。

丸山眞男は、朱子学が、「誰でも本然の性を発揮すれば、聖人になれる」という楽観主義的な側面をもつと同時に、「本然の性に逆らうことは許さない」という厳格主義をもはらんでいたと指摘している〔丸山一九五二―二七〕。朱子学では、「人間、かくあるべし」という規範が「本然の性」すなわち自然の原理とされているので、今日我々が言う意味での自然体の感情や欲望の多様性は、自然の原理に反するものとして否定されてしまうのである。

さらに、丸山は、朱子学が動的（行動的）ではなく、静的（観照的）であることに注意を促している〔丸山一九五二―二八〜九〕。「本然の性」は不動の究極原理である。これに対して、「気質の性」は、不安定に動き、不確実な情念である。それゆえ、朱子学は、実践倫理においても、行動よりも観照（「守静持敬」「居敬静坐」）を重視するのである。

こうした「楽観主義」「厳格主義」「静的性格」といった朱子学の特徴は、元をただせば、その合理主義的な思考様式から派生しているのである。

例えば、世界の公理公準を発見し、それに従えば、理想の人間や理想の世界を作ることができるというのは、理性の力に対する楽観主義にほかならない。また、理性の力によって真理を発見したという楽観主義があるからこそ、その理性が決めた規則への絶対的な服従を強いる厳格主義が正当化される。そして、「将来を完全に見通すことができる」「世の中に起きた事象をすべて説明できる」という理性に対する楽観主義は、「世の中は不断に動いているのであり、予測不可能・説明不可能な事態が起きうるものだ」という動的な世界観の否定へと傾きがちである。

このように、合理主義が支配する社会とは、変化を恐れ、柔軟性を欠いた無機質で官僚制的な世界なのである。まさに、マックス・ヴェーバーが官僚制を「理性の鉄檻」と呼んだ通り、形式的で硬直的な社会管理こそが、合理主義の帰結なのである。

この合理主義が帯びる「楽観主義」「厳格主義」「静的性格」は、明らかに、戦略的思考とは対極にある。国家戦略においては、状況に対する楽観は禁物である。国家戦略は、予測困難な情勢の変化に柔軟に対処することを求めるものであるから、あらかじめ設定されたルールへの絶対服従を求める「厳格主義」も放棄しなければならない。また、国家戦略に必要なのは、「静的性格」とは反対に、活動的な積極性である。要するに、国家戦略に求められる思考様式とは、合理主義に反するものでなければならないということである。(8)

伊藤仁斎や荻生徂徠の「古学」とは、この朱子学の合理主義を根本的に批判し、実践的な学問の必要性を説いた思想の潮流に他ならない。

†プラグマティズムとしての尊王攘夷

源了圓は、日本の精神史の中に実践経験と実用を重んじる「実学」の伝統があると論じ、

「実学史観」を提唱しているが、古学もまた、この我が国に独特の精神的伝統である「実学」の流れを汲むものである。「実学」を明確に定義するのは容易ではないが、源は「実際の役に立つ功用性（utility）をもつ学問、実用的な（pragmatic）学問、また現実的な、すなわちactualでrealな学問、あるいはまた実践的な（practical）学問、場合によっては、実証的な（positive）学問、というようなさまざまのニュアンスをもつ内容を含意している」〔源一九八六―一九二、傍点原文〕と述べている。

この「実学」を、敢えて現代思想の用語で翻訳するのであれば、「プラグマティズム（実用主義）」が最もふさわしいように筆者には思われる。プラグマティズムとは、二〇世紀に前後してアメリカで発展した実践経験を重視する哲学であり、ウィリアム・ジェイムズやジョン・デューイの名とともに知られている。古学とは、言わば、江戸時代に生まれたプラグマティズムなのである。

この伊藤仁斎が開き、荻生徂徠が発展させたプラグマティズムである古学こそが、後期水戸学のバックボーンであり、『新論』の国家戦略を支える哲学的基礎である。尊王攘夷論は、国家的危機を解決しようとしたプラグマティズムなのである。それを明らかにするのが、本書の目的である。

したがって、迂遠《うえん》なようではあるが、まずは、古学の開祖とも言うべき伊藤仁斎にまで遡り、その著作の解釈を通じて、古学のプラグマティズムとはいかなる思想であるかを明らかにすることから始めなければならない。それが次章の課題である。

続く第三章では、仁斎の思想を批判的に継承しつつ発展させ、古学を実用的な政治論にまで高めようとした荻生徂徠に光を当てる。徂徠は、仁斎とは異なり、当時の物価問題や格差問題など、具体的な課題に取り組み、国内制度改革を提案している。このため、徂徠の実践的な議論を吟味することは、古学のプラグマティズムとしての性格をより明確にする上で、大いに有益なのである。

仁斎と徂徠の古学プラグマティズムを踏まえた上で、第四章では、改めて会沢正志斎を読み直す。そして、正志斎の思想の中に、仁斎と徂徠の影響と共通点を見いだしていきながら、彼の尊王攘夷が、古学というプラグマティズムによって、当時の国際問題に対処しようとしたものであることを明らかにするのである。

第五章では、「尊王攘夷とは、国際問題に応用されたプラグマティズムである」という本書の主張を補強するために、敢えて福沢諭吉をとり上げる。福沢諭吉は、言うまでもなく、「実学」を提唱すると同時に、近代世界における日本の独立国家としてのあるべき姿を論じた思想家である。しかし、福沢の文明論は、これまで正志斎の尊王攘夷論とはむしろ対極にあるものとみなされてきた。本章は、そうした通説を覆し、福沢の文明論と正志斎の尊王攘夷論とが、共に「国際問題に応用されたプラグマティズム」であることを証明しようと試みる。

尊王攘夷論の基礎にプラグマティズムがあるのだとしたら、これは同時に、日本のナショナリズムにプラグマティズムという思想があったということを示唆することになる。ナショナリズムは、もちろん感情的な要素を含むものであるが、それだけでなく、哲学的な基礎を持ち得るものだということである。(9)

伊藤仁斎、荻生徂徠、会沢正志斎そして福沢諭吉。この四人の思想家を直列させたとき、我々は戦後日本を支配してきた開国物語の呪縛から解放され、実学という日本の伝統的なプラグマティズムを回復し、そして日本のナショナリズムを健全な姿で取り戻すことができるのである。

第二章　伊藤仁斎の生の哲学

1　尊王攘夷論の導火線

明治維新の原動力となった尊王攘夷論が、鎖国下の日本で育まれた古学の伝統から生まれたのだとしたら、開国物語の呪縛を解く鍵は、古学にあるのかもしれない。そこで、我々の探求は、古学の開祖と目される江戸時代前半の儒学者・伊藤仁斎から始まることになる。

伊藤仁斎は、一六二七年に京都堀川の町人の子として生まれ、一七〇五年に没した。一五歳の頃から儒者になることを志し、朱子学から入ったが、次第に朱子学に違和感を覚えるようになった。そこで隠棲して学問に打ち込み、仏教や老荘思想にまで手をつけ、挙句の果てにノイローゼとなってしまった。しかし、三〇代の中頃になって、朱子学や仏教などから脱出して、自らの学説「古義学」を打ち立てることに成功した。

その後、京都の堀川に私塾「古義堂」を開き、講義を行い、名声を博した。門弟は三千人を数えたと言われるほど盛大で、息子の東涯をはじめとする優れた弟子にも恵まれ、仁斎の古義学は一大学派を成した。

主著としては、「論語」の解釈書である『論語古義』、「孟子」の解釈書である『孟子古義』のほか、「論語」「孟子」などの重要な用語を解説した『語孟字義《ごもうじぎ》』、自らの思想を問答形式で分かりやすく説いた『童子問《どうじもん》』などがある。中でも、『語孟字義』と『童子問』は、仁斎の思想を知るのに最も適切であると言われているので〔清水一九七〇—二七六～七〕、本章でも、この二書を中心に読んでいく。

仁斎は、熊本の細川氏から藩の教師として招聘されたが、これを断わり、京都市井の学者として生涯を通した。その人格は、温和で寛容であったと伝えられている。その学説は、「仁」を慈愛と解釈し、道徳の最上位に置くものとして知られている。それゆえ、仁斎の思想は、愛を唱えた博愛主義的で民主主義的な思想の先駆として評価されてきた。

しかし、この京都の温厚な一町人学者の思想が、幕末の激烈な尊王攘夷論の導火線となったのである。このような一見逆説的とも見える解釈がどうして成り立ちうるのだろうか。それを明らかにするのが本章の目的であるが、以降の議論をあらかじめ要約しておくならば、次のようになる。

仁斎が創始した古義学とは、学問の方法からして朱子学とは根本的に異なる思想であった。それは、朱子学の合理主義を拒否し、徹底的に日常経験を重視した実践的な学問であった。仁斎は、そのプラグマティズムによって、人間が社会的存在であり、そして社会は動的な「活物」であるという認識に達した。その人間観と社会観に基づき、仁斎は、「仁」と「義」に基づく実践的な政治思想を論じた。仁斎は、「義」を欠落させた「仁」が、現実から乖離した空論の博愛主義に堕することを懸念していたのであり、彼を博愛主義者とみなす今日の解釈は、そのことを見落としているのである。仁斎は、「仁義」を核とした政治を唱え、「国のため」と「民のため」とが一致した統治を理想としたが、それは「国民《ネイション》」の創出につながりうる政治思想だった。この仁斎のプラグマティズムとナショナリズムの火種こそが、後の水戸学の尊王攘夷論の発火へとつながっていくのである。

2　解釈学

†血脈と意味

思想家個人の人格が温厚であるからといって、その思想までも穏便なものであるとは限らない。仁斎の場合も、その学説は、儒学の本場中国における正統教義であり、精緻で堅固な理論体系を誇っていた朱子学を解体せんとする大胆、かつ独創的なものであった。仁斎とは、豪胆な異端の思想家なのである。

しかも、仁斎の場合は、単に朱子学とは異なる論語の解釈を提示したというだけではなく、論語の読み方や読む姿勢まで、朱子学とは異なるものを樹立してしまった。その意味で、仁斎の創始した古学は、極めて革新的なものであった。

では、仁斎の提唱する論語の読み方とは、どのようなものであったのだろうか。

まず、仁斎は、学問（つまり論語の解釈）の要諦は、「血脈《けつみゃく》」と「意味」の二つを理解することにあると言う。


血脈とは、聖賢道統《せいけんどうとう》の旨《むね》を謂う。孟子のいわゆる仁義の説のごとき、是れなり。意味とは、即ち聖賢書中《しょちゅう》の意味、是れなり。けだし意味はもと血脈の中より来《きた》る。故に学者は当にまず血脈を理会《りかい》すべし。［語孟字義巻の下―七六～七］

言葉の「意味」を理解するためには、その言葉が置かれている「血脈」、つまり文脈や背景といったものを理解する必要がある。したがって、孔子が論語に残している言葉の意味を正確に理解したければ、孔子がどういう文脈でその言葉を発したのかを知らなければならないのである。仁斎に言わせれば、朱子学は、孔子の言葉の背景にある文脈をとらえ損ねているので、論語を誤読しているというわけだ。

では、孔子の言葉の「意味」の背景にある「血脈」とは何か。それは「聖賢道統の旨」、つまり孔子の教えそのものであり、孔子の教え全体である。「聖賢道統の旨」をマスターすれば、孔子の言葉の意味が分かる。

ところが朱子学者など後世の儒学者は、本来の血脈たる「聖賢道統の旨」の視点から論語を読まず、その代わりに、老荘思想や仏教その他の思想のバイアスを通して、論語を読むので、孔子の言っている意味を取り違えるのである。

したがって、仁斎は、朱子学の論語の注釈を信用しない。それは、孔子が本来言わんとしたこととは違う思想のバイアスがかかっているからである。仁斎の古義学とは、後世の儒学者が勝手に施した注釈のバイアスを外し、孔子が本来言わんとしていた意味を回復させようというものだった。

その回復のやり方は、「論語」と「孟子」を熟読玩味すること以外になく、またそれで十分であるという、一見すると、至って単純なものである［童子問巻の上―一七］。しかし、初学者が何の知識もなく、解説書もなくして、いきなり「論語」や「孟子」を読んで理解できるはずはない。そこで、仁斎は、初学者に対しては、まずは「集注《しっちゅう》」や「章句」といった朱子学の注釈書から入ることを薦めている。(10)

ところが、「集注」や「章句」といった注釈書を理解した後は、次の段階として、今度は、いきなり注釈書を一切捨て去って、ひたすら「論語」や「孟子」の本文のみを熟読玩味せよ、と仁斎は言う。そうすれば、ある日、「論語」や「孟子」の真意がはっきりと、疑いようもなく分かってくるのだというのである。ただし、その理解に至るには、学習者自身の成長を待たなければならない。苗が成長して実るように、読み手が成長していくことで、自然と孔子の真意を悟ることができるようになるものだとも言う。「其の自《おのずか》ら悟るに任せて、我より悟《さとり》を求むること勿《なか》れ」〔同前一一八〕。

その一方で、仁斎は「論語」を「最上至極宇宙第一の書」と繰り返し絶賛している。しかし、最上至極宇宙第一の書の真意を、注釈なしで何度も読んでいくだけで理解することができるのだろうか。

例えば、世界最高峰の物理学の理論書を、初歩的な知識と参考書を読んだ後は熟読するだけ、といった単純なやり方で理解することができるとは到底思えない。しかも、権威ある学者たちによる解説書の方を間違っていると断ずるに至っては、普通であれば、身の程知らずの誹りを免れえまい。現代人の我々からすれば、そのような疑問が湧いてくるであろう。

仁斎の方法論には、現代人から見て、もう一つ、不思議な点がある。

仁斎は、論語の言葉の「意味」を理解するためには、その言葉の背景にある「血脈」を理解しなければならないと言った。確かに、言葉の意味は、その言葉の文脈を踏まえなければ正しく捉えられない。では、論語における「血脈」とは、具体的に何か。仁斎は、それを「聖賢道統の旨」であると言うのである。

しかし、これは矛盾というものではないだろうか。なぜなら、我々が論語を読んで、孔子の言葉の意味を理解しようとするのは、「聖賢道統の旨」の何たるかを知ろうとするためである。「聖賢道統の旨」とは何かが分からないから、論語を読む必要が出てくるのである。

ところが、仁斎は、孔子の言葉の意味を正しく解釈するためには、まず先に、「血脈」すなわち「聖賢道統の旨」を理解していなければならないと言うのである。つまり、論語を読む前から、論語の真意を分かっている者でなければ、論語を読んでも正しく理解できないということなのである。しかし、論語を読まないで、どうやって「聖賢道統の旨」を会得できると言うのであろうか。「どうすれば、最先端の物理学の本を正しく理解できますか」と聞いて、「それは、その本を読む前に、最先端の物理学をマスターしておくことだ」と答えられたら、誰でも面食らうであろう。それにもかかわらず、仁斎によれば、論語については、先に孔子の真意を理解してから読むということが可能であり、また、そうやって読むべきものなのである。それは、いったい、どういうことなのだろうか。

†人倫日用

なぜ、「論語」と「孟子」の二書を熟読すれば、壮大かつ深遠な研究の成果である朱子学の注釈に頼ることなしに、いやむしろ、そうした権威ある注釈を疑いすらして、正しい解釈を得ることができるのか。それは、論語の言葉の意味を規定する「血脈」を捉えることで、可能となるのである。それでは、「血脈」とは何か。それは、「聖賢道統の旨」である。ならば、「聖賢道統の旨」とは何か。

仁斎は、聖人の「道」とは、「人倫日用当に行くべきの路《じんりんにちようまさ》」〔語孟字義巻の上―二七〕であり、「日用彝倫《いりん》の間《あいだ》」〔童子問序―九〕に行われるものだと言う。この日常の生活世界における実践を最も尊重するプラグマティズムこそ、仁斎の思想の到達点である。「最上至極宇宙第一」である孔子の思想とは、人倫日用、つまり日常生活の世界の中にあるというのである。

言い換えれば、孔子の思想とは、普通に生活している誰もが共有する「常識（common sense）」のことである。だから論語は、本来であれば、生活常識をもっている者ならば、誰でも容易に理解でき、納得できるはずである。論語は、身近な良識や経験知、日常的な感覚の意義を記した書なのである。身近な生活常識だからと言って、侮ってはならない。なぜなら、そのありふれた常識の中にこそ、深遠な真理が含まれているからである。「卑近の中《うち》、自《おの》ずから高遠《こうえん》の理有るなり」〔童子問巻の上―四八〕。

仁斎は、いくら言っても足りないと言わんばかりに、この「高遠な真理は卑近なところにこそある」という逆説を繰り返し、そこから決して離れようとはしない。例えば、「知り易く行い易く平正親切なる者」こそが「万世不易天下極至《ばんせいふえきてんかきょくし》の理」であり、「堯舜《ぎょうしゅん》の道にして、孔子立教《りっきょう》の本原、論語の宗旨《そうし》」であると言う〔童子問巻の上―二二〕。朱子学のような壮大かつ難解な理論体系のような「知り難く行い難く高遠及ぶべからざるの説」は、孔子の本来の思想を大きく逸脱した邪説に過ぎない。

孔子の言葉の意味を明らかにする「血脈」すなわち「聖賢道統の旨」とは、日常生活における常識のことなのである。ならば、論語を正しく理解するために必要なことは、日常の実生活の中で経験を積み、実践的な知恵を習得していくことだということになる。だから孔子の教えを会得するためには、苗が成長するように読み手が成長することが必要だ、と仁斎は言ったのである。人生経験を積んで、良識を会得していけば、孔子の言葉がおのずと腑に落ちるようになる。反対に、生活経験や実践感覚に乏しい者が、いくら自身の知能を頼みとして「我より悟を求むる」ようなことをしても、論語を誤読するだけに終わるだろう。論語を正しく読むということは、孔子の経験を正しく追体験するということであり、孔子の示した実践の英知が読み手の実感と共鳴共感するような体験をすることなのである。

論語とは、本来、そうやって読まなければならない。ところが、朱子学は、卑近な日常の経験世界は「気」によって曇らされた不純な世界に過ぎないとして軽視し、日常の経験世界を超越したところに「理」が支配する純粋で高邁《こうまい》な真実の世界があると信じ、それを追い求めようとしている。そして、その世界は、抽象論理を突き詰めることで到達できると信じている。朱子学にとって、論語を正しく理解するための判定基準は、「理」によって一元的に説明できるか否か、という抽象的な合理性のみなのである。こうして抽象的な合理性のみを追い求める知能は、人間社会の生の現実から浮き上がり、日用の世界から遠ざかって、空中楼閣に過ぎない理論体系を築き上げる。そのような理論は、邪説に過ぎない［語孟字義巻の下―一〇八］。

これに対して仁斎は、日常経験の蓄積によって得られる常識や実践感覚を指針として、孔子の言葉を解釈しなければならないと主張する。なぜなら、孔子の思想自身が身近な常識や実践感覚だからだ。

この方法論は、孔子自身によって「下学上達《かがくじょうたつ》」として示されている。「下学上達」とは何か。

下学《かがく》は猶平地上《なおへいちじょう》に在って行くがごとし。循循《じゅんじゅん》として止《や》まざるときは、則ち能く万理の遠きに到る。其の事甚だ近《ちこ》うして、其の功《こう》量るべからず。向上の一路《いちろ》を求むる者は、猶平地を去って空中に上騰《じょうとう》せんと欲するがごとし。堕ちて傷損《しょうそん》せざる者は、未だ之《こ》れ有らず。此《こ》れ異端の人倫を廃し、日用を捨て、礼義を蔑棄《べつき》して、万世常行《ばんせいじょうこう》の道と為《す》べからざる所以《ゆえん》なり。［童子問巻の中―一四九］

「下学上達」とは、日常の経験世界の中に真理を求めて、その中を循環し続けるという営為である。日常の経験世界の中にとどまっているから、「平地を去って空中に上騰せんと欲する」がごとき現実離れした空理空論を築き上げるようなことはなく、足はしっかりと地に着いている。現実の人間社会の中で経験を積み、実践知を習得し、また経験を積み重ねて成長していくのが「下学上達」であり、その繰り返しは生きている限り止むことがない。これは、今日、西洋思想において「解釈学的循環」と呼ばれる営為に他ならない(11)。

この「下学上達」＝解釈学によって、仁斎は、何をとらえたのか。

3　生の哲学

†「道」とは何か

『語孟字義』は、まず「道」の解釈から始まる。その論ずるところによれば、「道」とは、動態的（dynamic）な概念である。それは、交通、相互交流、コミュニケーションの絶え間ない流れを意味する。

道はなお路のごとし。人の往来通行するゆえんなり。故におよそ物の通行するゆえんの者、みなこれを名づけて道と曰《い》う。そのこれを天道《てんどう》と謂う者は、一陰一陽《いちいんいちよう》、往来已《や》まざるをもって、故にこれを名づけて天道と曰《い》う。〔語孟字義巻の上―一四〕

仁斎が、世界を「道」すなわち相互交流の動態であると言うとき、それは動的（行動的）ではなく、静的（観照的）な朱子学の合理主義を根本から批判しているのである。朱子学は、この世は「理」によって支配されているという世界観を説く。しかし、仁斎は、聖人が「天道」「人道」と言って、「天理」「人理」とは言っていないことに着目する。「道」の字は、「生生化化《せいせいかか》の妙」の動態を形容する「活字」である。これに対して「理」の字は「事物の条理」という静態を形容する「死字」であり、動態を表現するものではない。聖人が天地について言うとき、「理」という死字ではなく、「道」という活字を用いているのは、聖人が「天地をもって活物」とみなしているからに他ならない〔語孟字義巻の上―三〇～一〕。

しかも、聖人が「道」と言ったときの主たる関心は、自然よりはむしろ人間社会に向かっている。「およそ聖人のいわゆる道とは、みな人道をもってこれを言う。天道に至っては、すなわち夫子《ふうし》の罕《まれ》に言うところにして、しこうして子貢《しこう》の得て聞くべからずとするゆえんなり」〔語孟字義巻の上―二七〕。孔子の教えは、今日風に言うならば、自然科学ではなく社会哲学だというのである。

「道」は、もっぱら人道、つまり社会世界に関するものであるなら、それは、人と物、あるいは人と人との相互交流・コミュニケーションであるということになる。「道」とは、人と人とがお互いに向かって行為を行うことで連関する社会世界のことである。

さらに、「道＝コミュニケーション」が人間なしではあり得ないだけではなく、人間もまた「道＝コミュニケーション」なしではあり得ない。「人の外《ほか》に道無く、道の外に人無し」〔童子問巻の上―二六〕。

人間とは、いかなる存在か。仁斎は、ずばり人間とは、人と人との間柄のことであると言う。「人とは何ぞ。君臣なり。父子《ふし》なり。夫婦なり。昆弟《こんてい》なり。朋友なり」〔童子問巻の上―二七〕。仁斎は、「人が存在するということは相互に関係を結ぶことにおいてである。それぞれ相互に行為的に連関することにおいて人は存在する」〔子安一九八二―一八〇〕のだととらえた。人間とは、組織や家族、友人関係など特定の他者との関係の中に位置づけられ、一定の役割を演じる社会的・関係的存在である。今日の主流派経済学がその理論において前提としているような、特定の人間関係から切り離されて独立した原子のような個人などは、仁斎に言わせれば、人間ではないということだ[12]。

特定の社会関係から独立した個人というのは、朱子学の人間観でもある。朱子学は、人間に本来備わっている「本然の性」こそが「理」であり、「善」であるとする。独立した個人の本性に道徳が成立する根拠を置いているという意味において、朱子学という道徳理論は、個人主義的なのである。仁斎は、この朱子学の合理主義的個人主義を否定したのだ。

仁斎は、「学問果《はた》して性《せい》の内に在るか、性の外に在るか」という問いに対して、「内外《ないがい》一致、内は以て外を資《たす》け、外は以て内を養う、相無《あいな》くんばあるべからず。譬《たと》えば人の一体《いったい》の猶《ごと》き、心思知慮《しんしちりよ》は、内《うち》なり。視聴動作は外《そと》なり。専ら心思知慮を貴《とうと》んで、盡《ことごと》く視聴動作を廃《はい》して、可《か》ならんや」［童子問巻の上―四三〜四］と答えている。

「心思知慮」といった精神活動と、「視聴動作」といった身体活動とは、相互に依存する関係にある。自己の内部にある精神と、外部環境に接している身体とは、分離できない。樹木は土がなければ育たず、魚は水がなければ生きてはいけない。樹木や魚といった個体に目を向ければ、確かに、樹木は「内」で土は「外」、魚は「内」で水は「外」であろう。しかし、樹木と土、魚と水を切り離したら、それらの生は存在しえない。それと同様に、人間もまた、自己をとりまく外部環境から分離できない存在である、と仁斎は説く［童子問巻の上―四四］。スペインの哲学者オルテガ・イ・ガセットにならって言うならば、人間の存在とは「自己とその外部環境」のことであり、「個人」と「その外部環境」は相互に依存し、交流しているということだ。このような仁斎の思想とは、源了圓が言うように、「生の哲学」なのである［源一九七七］。

仁斎は、「内」と「外」、「個人」と「その環境」、「主観」と「客観」の二項対立を排した存在論哲学を提示し、それこそが本来の聖人の教えだと主張したのである。人間の生の観点から見れば、本来、密接不可分なはずの「主観」と「客観」を切り離してしまったのは、後世の儒者たちなのだ［童子問巻の上―四四］。

†四端の心

「道」とは、人々が相互に関係を結び、お互いに相手に向かって行為しあう動的な社会全体を指している。道徳の本体である「仁義礼智」は、この「道」に存在する。仁斎の言う「仁義礼智」とは、そうした社会の人間関係において行為する人間の在り方や向かうべき方向のことである〔子安一九八二―一八七〕。

仁義礼智とは、より具体的には何か。仁斎の理解は、従来の注釈を踏まえない独特のものであり、また非常に曖昧なものであるが、例えば次のように述べられている。

慈愛の徳、遠近内外、充実通徹、至らずというところ無き、これを仁と謂《い》う。その当《まさ》にすべきところをして、その当にすべからざるところをせず、これを義と謂う。尊卑上下、等威《とうい》分明《ぶんめい》、少しも踰越《ゆえつ》せざる、これを礼と謂う。天下の理、暁然洞徹《ぎょうぜんどうてつ》、疑惑するところ無き、これを智と謂う。〔語孟字義巻の上―三八〕

これらの表現は、仁義礼智の概念の定義とはとても呼べないものであるかもしれない。仁義礼智、特に仁については、仁斎はいろいろな表現を試みているが、いずれも「定義」

とは言い難い。しかし、仁義礼智は厳密には定義できないし、すべきではないというのが仁斎の考えであった。

実際、孔子も論語の中で、仁義礼智の明確な定義を与えていない。なぜなら、仁義礼智は、日常生活の中での常識的なふるまい方や人との付き合い方といった実践のことだからである。したがって、孔子も弟子たちに仁義礼智を実行する方法（how）を示唆するのみであり、それらの定義（what）を論じようとはしなかった。もっとも、孟子は仁義礼智の意味を詳しく論じているが、それは孟子の時代になると、聖人の時代から遠く離れて、仁義礼智が曖昧になってきてしまったためである。孟子は、仁義礼智の意味について、「四《し》端《たん》の心」――惻隠《そくいん》の心（仁）、羞悪《しゅうお》の心（義）、辞譲の心（礼）、是非の心（智）――であると述べた。仁斎は、孟子が示した「四端の心」を手がかりにして、仁義礼智を理解すべきだと言う［語孟字義巻の上―三八〜九、童子問巻の上―二四〜五］。

仁斎は、個人の内面の「本然の性」としての理性に道徳の根拠を求める朱子学の個人主義・合理主義を拒否した。ところが、他方で仁義礼智は「四端の心」であると言う。この「心」とは何であろうか。そもそも、「心」と「性」とは、どう違うのであろうか。仁斎の説明は、次のようなものである。

「性」とは、梅が酸っぱく、柿が甘いといったような、人間のもつ生まれつきの気質であり、その人固有の性格である〔語孟字義巻の上―四八～九〕。朱子学は、そのような生まれつきの性格として現れるものは、「気質の性」に過ぎず、その背後には「本然の性」としての理性があるとするが、仁斎はそのような「本然の性」を認めない。人間には「気質の性」しかない。「気質の性」は、生来の個性であり、人によって違うものである。このような仁斎の「性」の概念は、子安宣邦が指摘するように、人間の多様性に目を向けるものであり〔子安一九八二―一二六〕、人間を画一的な「理」に押し込めようとする朱子学の厳格主義とは異なり、寛容さや多元主義を導くリベラルなものである。

さて、人間の生来の気質である「性」は外部の刺激に反応して動くが、その動きが「欲」であり「情」である。視覚や聴覚や味覚は「性」であり、美しいものを見たい、いい音を聞きたい、美味しいものを食べたいと欲するのが「情」である。そして、情が「わずかに思慮に渉るとき」は、「心」となる。思慮なく動く場合は「情」ではあるが、「心」ではない。

孟子が仁義礼智として示した「四端の心」とは、思慮による制御が働いた情念のことである、と仁斎は言う。ところが他方で、仁斎は「心とは、人の思慮運用するところ、もと貴きにあらず、亦賤しきにあらず。およそ情有るの類みなこれ有り。故に聖人は徳を貴んで心を貴ばず」〔語孟字義巻の上―四六〕とも言うのである。仁斎は、道徳と心をどのような関係として考えているのであろうか。道徳とは、人の内面における情念の制御の問題なのか、それとも主観とは独立した客観の問題なのであろうか。その答えを得るためには、人間という存在に関する仁斎の見方を思い出す必要がある。

†下学上達

仁斎の人間観によれば、個人の内面とその外部の社会環境とは相互に依存し、交流している。人間は、他者や社会に向かって行為し、他者や社会からの働きかけに対して反応する。そうした絶え間のない相互行為、交流あるいはコミュニケーションの流れが「道」である。人間は「道」という人間関係の運動の中に生きているのであり、その人間関係の具体的なあり方として「仁義礼智」がある。ただし、「仁義礼智」が何であるかは、動態的な人間関係の網の目である社会環境の中において、個別具体的に行為することによってしか指し示すことはできない。

本来であれば、人間の主観と、社会環境という客観は、相互に依存し、密接不可分に重なり合う関係にあり、「仁義礼智」もそうした関係として理解しなければならないものである。しかし、敢えてこの関係を主観の側面から照射し、心の働きとして観察してみるならば、それぞれ、仁は惻隠、義は羞悪、礼は辞譲、智は是非という「四端の心」として現れている。「仁義礼智」の徳とは、主観の側面を照射してみれば、四端の心が他者や社会全体に広がっていく状態（「拡充」）である［語孟字義巻の上―五四］。

しかし、なぜ主観と客観は密接不可分の関係にあるのに、孟子は敢えて主観の側面を切り取って示したのか。それはすでに述べたように、聖人の時代から遠く離れた孟子の時代には、道徳が廃れ、仁義礼智の意味が曖昧になってきてしまったため、孟子は、同時代の学者に理解させるために、便宜上、主観的側面を強調した説明をせざるをえなかったからである。それに引きずられて、仁義礼智という道徳の根拠を、心の状態にのみ帰しては、孟子の本来の意図に背くことになるだろう。

仏教や老荘思想は、心の状態にばかり執着するが、現実社会における人間関係から切り離された心理などは、道徳の根拠たりえない。仁斎が特に嫌悪するのは、聖人の心を「明鏡止水」や「無欲」と表現する説である。これらは、仏教や老荘思想の影響を受けたものであって、本来の孔子の教えではない。日常生活の中にあって日常道徳（彝倫《いりん》）を実践した孔子は、君臣、家族、友人との親密な関係を重視し、その中にあって、悲しい時には泣き、嬉しい時には笑うなど、感情を素直に表現していたのである。「明鏡止水《めいきょうしすい》」や「無欲」といった心理の人為的な操作は、そうした日常の人間関係を壊し、ひいては道徳を滅ぼす邪説に他ならない。しかも、世界も人間も活物であり、動態的なものである。それを、生命のない静的な無機物を連想させる「明鏡止水」などでたとえるなどもってのほかである〔語孟字義巻の上―四七～八〕。

道徳は、精神を操作することで達成できるのではない。仁義礼智の道徳は、行為の問題であり、実践の問題であると仁斎は説く。道徳を達成するために努力する行為が「修為《しゆうい》」であり、「忠信敬恕《ちゆうしんけいじよ》」が「修為」に該当する。「忠」は自分のことのように他人のために尽くすこと、「信」はいつわりのないこと、「敬」は何かを敬うこと、「恕」は他人の心情を忖度することである。「忠信敬恕」は、いずれも人との付き合い方に関するものである〔語孟字義巻の下―六三～七二〕。

仁斎は、学問とは、もっぱら書物に頼って精神訓話を垂れることではなく、知と行為を兼ねた実践道徳であると言う〔語孟字義巻の下―七六〕。ただし、仁義礼智は、実践の結果のことではない。実践が目指すべき究極の目標として、聖人があらかじめ指し示した理想である。仁義礼智は、個々人の実践の前に存在する「本体」であり、個々人の実践を超越した「本然の徳」であると仁斎は言う〔語孟字義巻の下―六五〕。仁義礼智とは個人の心の工夫の問題ではなく、超越的・普遍的な理想だというのである〔子安一九八二―七三～八〕。

他方で、すでに述べたように、仁斎は、朱子学の現実離れした合理主義を批判し、日常の経験世界を最も重視していたはずである。「本然の徳」についても、平生《へいぜい》日用の経験世界のなかに存するものとも言っている〔童子問巻の中―一六六〕。

　これは要すれば、仁義礼智とは、「本体」「本然の徳」といった超越的なものでありながら、その超越的なものは、日常生活の経験世界の中にあるということなのである（「卑近の中、自ずから高遠の理有るなり」）。「道」とは経験世界のことであるが、経験世界の現実の中には、同時に、経験世界を超越した向かうべき理想も含まれている。これは、生の哲学者ゲオルク・ジンメルが「生」と呼んだものの構造である〔Simmel 2010〕。仁斎は「道」を「生」として捉えたのである。

　経験世界は、その中に、経験世界自体を超越して理想へと向かおうという契機もまた、あらかじめ内蔵されている。それゆえ、経験世界は決して安定することなく、常に自身を越えようと変化し、動いていかざるをえないようになっている。経験世界は、草木のように、それ自身の中に成長し変化する契機をもっており、流水のように、常に動くものである。その動態を表現するために、「生生化化の妙」を形容する「活字」である「道」があてられたのである。

　経験世界の中には、それ自体を超越して変化しようとする動力が内蔵されているが、変化した後もなお、それは現実の経験世界である。しかも、さらなる変化への動きは、すでに始まっている。これが無限に繰り返されて、とどまることはない。仁義礼智の理想を目指して、この経験世界の無限の循環の中に参入することが「忠信敬恕」という修為である。それが学問の営みというものであり、「下学は猶平地上に在って行くがごとし。循循として止まざるときは、則ち能く万理の遠きに到る」という「下学上達」である。

仁斎は、日常の経験世界を重んじ、朱子学の合理主義を拒否したが、現実を超越した絶対的なものを一切否定したわけではなかった。そうではなく、相良亨《さがらとおる》が解釈するように、日常生活の経験世界の中で「忠信敬恕」に努めて生きること自体が、現実を超越し、永遠絶対へと参入することだと言っているのである〔相良一九九八―一六八、張二〇〇九〕。

†活道理と中庸

経験世界の中には超越的な世界が含まれる。現実とは、現実と現実を越える理想の両方のことである。これは、一見、論理矛盾であるかのように思われる。しかし、これを矛盾ととらえるのは、動態的な「道」を、静態的な「理」によって分析しようとするからである。つまり、現実と理想を厳密に区分し、それぞれ別個に定義しようとするから、「現実から理想へ」そして「理想から現実へ」という不断の往復運動を全体として俯瞰することができないのである。

仁斎は、分析の論理を必ずしも否定しているわけではない。ただ、朱子学の合理主義が考えるように、「理」が世界の根源にあるのではない。その反対に、世界が「理」の前提としてある。そして、世界は、「生生化化」する「一大活物」であり、活物たる世界に在るのは「一元《いちげん》の理」ではなく「一元の気」である。「一元《いちげん》の気《き》之が本《もと》と為《な》って、理は則ち気《き》の後《うしろ》に在り。故に理は万化《ばんか》の枢紐《すうちゅう》と為《す》るに足らず」〔童子問巻の中―一六一〕。

ここで注意すべきは、仁斎の「一元の気」という表現である。これは一見、世界の根源に「気」があるという議論に見え、朱子学の「理」を「気」に置き換えたに過ぎないようにも見えるが、そうではない。仁斎は、朱子学のように、世界の根源を解き明かそうとすることは拒否している。ただ、世界は常に動いており、止まることがない。この「生生化化」の運動それ自体を指して「天地の間《あいだ》は、一元気《いちげんき》のみ」と表現しているのであり、「知るべし。これより以上、さらに道理無く、さらに去処無《きょしょ》きこと」と強調し、存在の根源をたどることを否定している〔語孟字義巻の上―一五、子安一九八二―二〇五〜二一〇〕。

「理は則ち気の後ろに在り」とは、「理」が活物である世界を前提としているという意味なのである。「理」を否定するわけではないが、世界が「理」の前提ならば、その世界を「理」のみで解き明かせるわけがないであろう、と仁斎は言っているというわけだ。

「理」が有効なのは、無機質のような変化のない事物の分析についてである。しかし、それでは、常に変化し続ける有機的・生物的で動態的な「活物」である世界＝「道」を捉えることはできない［童子問巻の中―一五九］。ならば、「道」の動態は、どのようにしてとらえるのか。仁斎は、その方法を「活道理《かつどうり》」と言う。

学問は須《すべか》らく活道理《かつどうり》を看《み》んことを要すべし。死道理《しどうり》を守著《しゅちゃく》せんことを要せず。枯《こ》草陳《そうちん》根《こん》、金石陶瓦《きんせきとうが》の器、之を死物と謂《い》う。其の一定して増減無きを以てなり。人は即ち然らず。進まざる時は即ち退く。退かざれば必ず進む。一息《いっそく》の停《とど》まる無し。故に君子は過《あやまち》無きことを貴《とうと》ばずして、能く改むるを以て貴《とうと》しと為《す》。［童子問巻の下―二一三］

道理があるかないかは、あらかじめ抽象的な原理原則として示されているのではなく、実際の生活の中での試行錯誤の結果として決まるのであり、したがって具体的な道理の内容は、場面や状況によって異なる。状況に依存して変化するような柔軟な合理性が「活道理」である。「活道理」とは、言わば、動態的で複雑な人間の生を、抽象論理では捉えきれないような部分をも含めて、包括的に把握することのできる良識のことである[13]。具体的な文脈を無視して原理原則に固執するのは「死道理《しどうり》」である。

聖人は、「道」や「信義」に「近し」と言い、「合す」という表現は決して用いない。

「合す」すなわち合致や到達を言うのは、後世の儒者である。なぜ、「合す」ではなく、「近し」なのか。それは、「道」が、実際的なものだけでなく超越的なものをも含む広大で永遠の真理であり、人間は「忠信敬恕」の努力によって近づくことはできても、君子ですら完全にマスターすることはできない世界だからである〔童子問巻の下―二四〕。

道徳とは、思いやりや正直さといった忠信に努めることではあるのだが、単に思いやりや正直さを追求していさえすれば、仁義礼智に到達するというわけではない。むしろ、思いやりや正直さを無理に追求すると、それは実を伴わず、他人にとっては有難迷惑なものとなるだけである。したがって、思いやりや正直さを基本としつつも、頑なにそれを貫くのではなく、様々な事情を考慮し、状況に応じて適切な対応をとるべきである。要するに、原理主義的・厳格主義的に動くのではなく、良識に基づいて柔軟に行動するということだ。「道に近し」は、「至当」〔童子問巻の上―三九〜四〇〕あるいは「中庸《ちゅうよう》」〔童子問巻の上―三〇〕とも表現されている。「中庸」とは、良識を働かせたバランス感覚のことである。何と何とのバランスか。「道」とは、現実と理想、卑近と高遠、「経験的なもの」と「超越的なもの」が同時に存在する世界である。この現実と理想、卑近と高遠、「経験的なもの」と「超越的なもの」の間のバランスをとることが、中庸である。

老荘思想や仏教のように、「経験的なもの」から離れて「超越的なもの」を追い求めても、そこには空しさが待っているだけだ。逆に、法家思想のように、「経験的なもの」から「超越的なもの」を追い出してしまえば、今度は結果がすべてだという冷酷さしか残らない。これに対して、孔子は、「経験的なもの」と「超越的なもの」のバランスを追求し続ける実践を説いたのである。

其の高からず卑《ひ》きからず、平常不易なる、此《これ》を一大坎《いちだいかん》と為《す》。乃ち中庸の極《きわみ》にして、聖人の宗旨《そうし》なり。此れより高きこと一等なるときは、則ち虚無と為《す》。老仏《ろうぶつ》の学、是れのみ。此より卑《ひ》きこと一等なるときは、則ち功利と為《す》。申韓商鞅《しんかんしょうおう》が徒《ともがら》、是れのみ。老仏以下、代《よ》異《こと》に地《ち》殊《こと》に、交《こもごも》出でて迭《たがい》に起《おこ》ると雖《いえ》ども、此の二端に過ぎず。仮令《たと》い百世の後《のち》、異端者有《あ》って出でて、旧套《きゅうとう》に因らず、創《はじ》めて新説を倡《とな》うとも、亦此の二端に出づること能《あた》わず。……故に其の学大いに譟《さわ》ぐに至らず。亦笑うべし。［童子問巻の下―二二］

道徳理論は、百家争鳴の観を呈し、様々な新説が提唱されているが、よくよく見れば、「経験的なもの」と「超越的なもの」の両極端の間を行ったり来たりして騒いでいるに過ぎない。それは百年たっても変わらないだろうと仁斎は笑っている。

確かに、近代西洋思想、特に英米系における規範理論の伝統においては、今もなお、「経験的なもの」に傾く功利主義と、「超越的なもの」に傾くカント主義との間を行ったり来たりしているような感がある。ハーヴァード大学の名物教授マイケル・サンデルのベストセラー『これからの「正義」の話をしよう』で論じられているのも、おおむね、この昔から変わらぬ話である。それを多くの現代人が「これこそ、これからの正義の話だ」と有難がって読んでいると知ったら、仁斎は苦笑したのではないだろうか。

4　仁義の政治哲学

†愛の問題

仁斎は「聖門学問の第一字は是れ仁《じん》」〔童子問巻の上―五九〕と言い、仁を中心的な徳目とする。仁とは何か。仁斎は、孟子の「四端の心」を導きの糸として、仁とは愛であるとする。

慈愛の心、渾淪通徹《こんりんつうてつ》、内より外に及び、至らずという所無く、達せずという所無《の》うして、一毫残忍刻薄《いちごうざんにんこくはく》の心無き、正に之を仁と謂う。此《これ》に存して彼れに行われざるは、仁に非ず。一人に施して、十人に及ばざるは、仁に非ず。瞬息《しゅんそく》に存し、夢寐《むび》に通じ、心、愛を離れず、愛、心に全く、打って一片と成る、正に是れ仁。［童子問巻の上―七〇］

この記述だけ読めば、仁とは、他者を慮《おもんぱか》る慈愛であるだけではなく、限りのない博愛の精神ということになる。他者に慈愛の精神で接すれば、相手も同じように接してくれるので、人間関係は万事順調に行くと述べている箇所もある。「我能《よ》く人を愛すれば、人亦我を愛す。相親《あいした》しみ相愛《あいあい》すること、父母の親しみの如く、兄弟の睦《むつま》じきが如く、行うとして得ずということ無く、事《こと》として成らずということ無し」［童子問巻の上―七一］。

こうしたことから、仁斎は、仁＝愛を最上の道徳として、義やその他の徳目に優先させていたとみなされがちである［吉川一九七五］。また、仁斎の思想は、愛に関する楽観主義的な確信に基づく道徳哲学であるという見解もある［源一九七七―一三一、渡辺二〇一〇―七章］。

しかし、仁斎の思想を、普遍的な博愛の道徳哲学に還元することは間違っている。というのも、仁斎は、聖人の徳は実践的な性格をもち、また、その実践道徳は多元的な側面を有する豊かなものだとして、一つの徳目に一元化できないと考えているからである〔童子問巻の上―七二〜三〕。

仁斎は「聖門学問の第一字は是れ仁」としながらも、これに続けて「義以て配《はい》と為《し》、礼以て輔《ほ》と為《し》、忠信《ちゅうしん》以て之れが地と為《す》」と述べている。とりわけ仁と義の補完関係は重要で、仁義は陰陽のような関係にあるとしているのである〔語孟字義巻の上―四二、童子問巻の上―五九〕。

仁＝愛とは、それ一つで成り立つものではなく、義によって補完されなければならない。義のない仁は仁ではなく、仁のない義は義ではない。「故に聖人、仁を曰うときは、すなわち義の在る有り。義を曰うときは、すなわち仁の在る有り」〔語孟字義巻の上―四二〕。では、仁が「聖門学問の第一字」であるということと「義」とはどういう関係にあるのだろうか。そして、「義」とは何であろうか。仁斎は、次のように答えている。

仁の徳為《た》る大《だい》なり。然《しか》れども一言以て之を蔽《おお》う。曰く、愛のみ。君臣に在っては之を義と謂《い》い、父子には之を親と謂い、夫婦には之を別と謂い、兄弟には之を叙《じょ》と謂い、朋友には之を信《しん》と謂う。皆愛より出づ。〔童子問巻の上―六四〕

「義」とは、先述のように「その当にすべきところをして、その当にすべからざるところをせず」とされていたが、ここでは、君臣の間の愛のこととされている。君主と臣下がお互いに相手の立場を配慮しあう関係が「義」なのである。義とは、支配者と被支配者の間の共感であり、言わば政治的な愛のことなのだ。

仁=愛とは確かに普遍的な概念ではある。しかし、仁=愛は、君臣関係において働くときは「義」であり、父子関係では「親」であり、友人関係では「信」であるといったように、具体的な人間関係の文脈によって現れ方が異なるのである。仁が「聖門学問の第一字」であるというのは、抽象のレベルでは、普遍的な道徳であるということである。しかし、仁=愛は、現実には、実際のそれぞれの人間関係の中にしか具現化しない。そうでなければ、仁=愛は虚しい絵空事に過ぎなくなる。

†義の問題

仁=愛は抽象的な概念であり、実際には、具体的な人間関係の中にしか形として現れないものである。中でも君臣の人間関係における仁=愛である「義」が重要である。「義」は「仁」と密接不可分の関係にあるだけではなく、「仁」と「義」の二つこそが最上・究極の価値なのである。「仁・義の二つの者は、実に道徳の大端《だいたん》、万善《ばんぜん》の総脳《そうのう》。智・礼の二つの者は、みなこれよりして出づ。なお天道の陰陽有り、地道の剛柔有るがごとく、二つの者相須《あいま》ち相済《あいな》して、後人道全《のちじんどうまった》きことを得《う》」〔語孟字義巻の上―四二〕。

仁斎は、統治者と被統治者との間で成立する政治的な愛である「義」を、「仁」と密接不可分のものとし、かつ最上位の徳目として置いている。言い換えれば、孔子の教えとは本質的に政治哲学である、と仁斎は考えているのである。

仁斎を、理想主義的・平和主義的な愛の思想家とみなすことはできない。それどころか、仁斎は、そう見られることを何度も回避しようとしているのである。

> 仁義は即ち中《ちゅう》なり。兼愛為我《けんあいいが》は、之を過《か》に失《しつ》す。仁義に非ず。〔童子問巻の中―八八〕

> 孟子 仁・義をもってこれを連称《れんしょう》するは、何ぞや。……孟子は道の本体を主として言う。人道の仁義有るは、なお天道の陰陽有り。地道《ちどう》の剛柔《ごうじゅう》有るがごとし。けだし後世の学問、一偏《いっぺん》に陥って、楊《よう》・墨《ぼく》の流《りゅう》とならんことを懼《おそ》れてなり。〔語孟字義巻の上―四五〕

仏老のわが儒と異なるゆえんの者は、もっぱら義に在りて、後儒の聖人と相差《あいたが》うゆえんの者は、もっぱら仁に在り。その故何ぞや。仏氏は慈悲をもって法とし、平等を道とす。故に義をもって小道となして、これを慢棄《まんき》す。〔語孟字義巻の上―四五〕

博愛のみの精神は、墨子や仏教の思想であって、儒学ではない。孔子の教えである「仁」は、あくまで義との平衡の上に成り立つ道徳である。仁斎が説いたのは、仁（＝愛）の原理主義ではなく、平正日用の世界において、仁と義の間のバランスを保とうとする中庸の実践である。

しかも、日常における中庸の実践は、単なる妥協や折衷のような生易しいものではない。実際の世界は、「主君への忠と親への孝が両立しない」とか、「平和のためには戦闘が必要である」といったような、一筋縄ではいかない矛盾だらけの世界である。二律背反や矛盾に満ちた世界にあって、可能な限りベストの解である「中庸」を実践するということは、極めて難しい決断を要するものであり、しかも激しさを伴う営為である。仁斎は、そのことをよくわきまえていた。「故に曰く、『天下国家は均《ひと》しゅうすべし。爵禄《しゃくろく》は辞すべし。白《はく》刃《じん》は踏むべし。中庸は能くすべからず』と、是れ論語の極致なり」〔童子問巻の上―三〇〕。

この他にも、仁斎の著作には、柔和で温厚な愛の思想家というイメージからはかけ離れた豪気な血脈が伝わってくる箇所がいくつもある。例えば、仁斎は、士たる者は、決して大勢におもねらずに我が道を行くべきであるとして「義」を説いている。

士《し》為《た》る者は、必ず志《こころざし》有り義《ぎ》有り。其の稍《やや》高き者は、又或《あるい》は識見《しっけん》有り、特立独行《とくりつどっこう》、時輩《じはい》に随《したが》って馳逐《ちちく》せず。是れ訕謗《せんぼう》を来《きた》す所以《ゆえん》なり。……士《し》若《も》し誉《ほま》れを聞いて喜び、毀《そし》りを聞いて厭《いと》うときは、則ち必ず時に徇《したが》い世に阿《おも》ねり、節《せつ》を改め操《みさお》を移すに至る。自ら戒《いまし》めずんばあるべからず。［童子問巻の中―一四五～六］

しかし、その一方で、仁斎はここでも彼らしいバランス感覚を働かせ、「義を好む者は必ず命を犯す」と注意を促し、「義《ぎ》命合一《めいごういつ》」を説くのである［童子問巻の下―一九九～二〇〇］。ここで「義」と合一すべきとされている「命」とは、いったい何か。「命とは、人力《じんりょく》に出《い》づるに似て、実は人力の能く及ぶところにあらざる」［語孟字義巻の上―二〇］ものであり、「夫《そ》れ人自《みずか》ら取って、而《しか》る後天《のちてん》之に命ず」［童子問巻の下―一九六］というものである。つまり命とは、自らの逃れ難い運命を自覚したら、それをあっさりと受け止めることである。「国の存亡、道の興廃」が、そうした運命に当たるのだが、こればかりは聖人であっても如何ともしがたい［語孟字義巻の上―二五］。しかし、「命を言う者は義を尽《つく》さず」［童子問巻の下―二〇〇〕ということもある。自らの境遇を運命だと簡単に諦めると、やらねばならぬことをやろうとできる限り努力することをしなくなる。したがって、「命」だけでなく、同時に「義」も必要である。

では、「命」と「義」の合一とは何か。

「義」とは、為すべきことを為すことであり、大勢に逆らってでも我が道を行かんとする独立不羈の構えである[14]。とはいえ、世の中には、逆らい難い情勢というものがあり、義を貫こうと最大限努力した結果、敗北することもある。その場合には、敗北の運命を粛々と受け止めればよい。それが「義命合一」であり、「是を君子の全徳と為《す》」〔童子問巻の下―二〇〇〕ということである[15]。ここで仁斎は、「武士道」を説いているのだと言ってもよいのではないだろうか。

†仁斎を巡る誤解

仁斎は、孔子の創始した学問は、本質的に「王道」すなわち政治論だと確信していた。「王道は即ち仁義、仁義の外《ほか》、復《また》王道有るに非ず」〔童子問巻の中―九五〕。とりわけ、『童子問』の巻の中は、ほぼ王道論＝政治論に充てられていると言ってよい。その仁斎の政治論は、これまで、しばしば、平和主義的で、平等主義的な民主主義の先駆として評価されて

きた［相良一九九八―二七三、渡辺二〇一〇―一四八］。

確かに、仁斎は『童子問』の中で、民の意向に従った統治を提唱している。「文《ぶん》其の武《ぶ》に勝つときは、則ち国祚《こくそ》修《なが》かり。武《ぶ》其の文《ぶん》に勝つときは、則ち国脈蹙《こくみゃくちぢ》まる」［童子問巻の中―一二五］と述べて、武家支配の世に、文治政治は武断政治よりも優れていると主張してもいる。しかし、仁斎が「民の意向に従った統治をせよ」と言う時、それは次のように表現されているのである。

> 人君《じんくん》に在っては、則ち当《まさ》に民と好悪《こうお》を同じゅうするを以て本《もと》と為《す》べし。其れ徒《いたず》らに正心誠意を知って、民と好悪を同じゅうすること能わずんば、治道《ちどう》に於て何《な》んの益かあらん、苟《いや》しくも身を側《そく》して行を励まし、起居動息《ききょどうそく》、民と好悪を同じゅうするを以て志《こころざ》しと為《す》るときは、則ち民志《みんし》奮起し、士気《しき》雄壮《ゆうそう》、南宋の脆弱と雖《いえ》ども、以て北韃《ほくだつ》の勁兵《けいへい》を撻《う》たしむべし。［童子問巻の中―一〇六］

統治者が「民と好悪を同じゅうする」という、言わば民主的な統治とは、「民志奮起し、士気雄壮、南宋の脆弱と雖ども、以て北韃の勁兵を撻たしむべし」というまでに、軍事力を強化する効果をもつと言うのである。これは、平和主義的な博愛を理想とした京都の町人学者というイメージからは程遠い、実に武張《ぶば》った表現である。

仁斎は、内政においては、武断政治より文治政治の方が優れているとしているのは事実である。だが、内政における武断政治の否定は、国防のための武力の否定には必ずしもつながらない。むしろ、内政における文治政治こそが、国民の士気を高め、防衛力の強化につながると仁斎は考えているのである。

人君が「民と好悪を同じゅうする」という王道の考え方は、君臣関係の間に成立する「仁＝愛」である「義」と通ずるものである。仁義に依拠する統治である「王道」とは、支配者と被支配者とを一致団結させ、国内の士気を高め、対外的には武力を強化するという政治思想である。これが仁斎の政治論であった。

支配者と被支配者との関係とは、支配者が一方的に権力を行使し、被支配者は受動的に従うだけというものではない。実際には、支配者の権力は、支配者に対する非支配者たちの支持に多かれ少なかれ依存しているのである。支配者は被支配者に対して優位に立っているが、他方で、圧倒的多数の被支配者の支持がなければ、支配者はその権力を維持できない。ヘーゲルの「主人と奴隷」の弁証法を引くまでもなく、支配者と被支配者とは、相互依存関係にあるのである。

この支配者と被支配者の間の相互依存関係は、封建社会であろうが民主社会であろうが、存在する。封建君主といえども、その権力は領民の「下から」の支持に依存している。民主的に選ばれた政治家といえども、「上から」社会全体を俯瞰し、市民に対して権力を行使する。封建社会が「上から」の支配で、民主政治が「下から」の統治であるという二分法ほど陳腐な政治学もない。

仁斎は、武士ではなく町人であり、在野の学者や教育者として生涯を全うした。彼は、自らの使命は学問や教育にあると自覚していた［尾藤一九六八、源一九七七―一四一～一四六］。また、次章において見るように、徂徠と比べれば、仁斎の思想は政治論としての性格が相対的に弱いのも事実である。しかし、だからと言って、仁斎を「義」を欠落させた「愛」の思想家とみなすことは、この町人学者をあまりに甘く見すぎているというものである。仁斎の「仁義」の政治論は、支配者と被支配者との関係という政治の本質に迫っているのである。

5　仁斎におけるナショナリズム

†愛国心としての仁

以上見てきたように、仁斎は、朱子学の壮大な体系を支えている合理主義を徹底的に破壊し、それに代えて「生の政治哲学」とでも言うべき実践的な思想を樹立した。次章以降の議論では、この仁斎の思想を徂徠が発展させ、さらにそれが、一九世紀の対外的な緊張という危機に対して、水戸学というナショナリズムとして現れた過程を追っていく予定であるが、その前に、仁斎の思想における「国民《ネイション》」の概念を確認しておきたい。

まず、もっぱら政治を論じた『童子問』巻の中には、次のような記述がある。

先王城《せんのうしろ》を築き門を造り、台榭苑囿《だいしやえんゆう》を創《はじ》むるの類い、一《いつ》は以て国の為にし、一は以て民の為にす。其の国の為にする者も、亦民の為にするのみ。……春秋に一土木《いちどぼく》の興る必ず書《しょ》す者は、民力を重んじてなり。……若し夫れ文王《ぶんのう》の台沼《だいしょう》を為《つく》る者は、民と楽し

みを同じゅうするの至り、庶民子《しょみんこ》のごとく来《きた》り、日あらずして之を成す。〔童子問巻の中―一一五〕

仁義に依って行う聖人の統治においては、「国のため」とは、すなわち「民のため」である。国家による土木工事、すなわち公共事業は、民の利益のため、民力を増進するために行われるものであるが、それは同時に国のためでもある。また、「民と楽しみを同じゅうする」「子を以て民を養う」仁義の政治は、公共事業の遂行を円滑にし、民力の強化を容易にする。「国のため」と「民のため」が一致するのであれば、「民力」とは、すなわち「国力」である。仁義の政治は、民力＝国力を増進し、それは国防の側面から見れば、「民志奮起し、士気雄壮、南宋の脆弱と雖ども、以て北韃の勁兵を撻たしむべし」という軍事力の強化となる。これを一言にて要すれば、「富国強兵」と言ってもよい。

「仁」とは、君臣、父子、夫婦、兄弟その他の身分の違いを越えて、民の間で共有される愛であるが、民と国とが一致するのであれば、仁とは、ある種の愛国心のことだと言って差し支えない。さらに言えば、「ネイション」とは、身分や階級の壁を越えて人々が共有する同朋意識のことなのであるから、仁斎が「聖門学問の第一字」として掲げた「仁」とは、ネイションの核となるものであろう。

もちろん、仁斎の政治思想は、支配者の側に立った統治論であって、非支配者に対して、国に対する忠誠心を要求する内容を含むものではない。その意味では、仁斎の論じる「仁義」は、せいぜいのところ、ナショナリズムの原型あるいは萌芽といったものにとどまる。しかし、本書の後半で見ていくように、その萌芽こそが、その後の国家の危機的状況の中で成長していき、国民国家の形成の核となったのである。

†仁斎における「日本」

最後に、仁斎の思想の中で、抽象的な「ネイション」の概念ではなく、具体的な「日本」というものが、どのように位置づけられるのかについて、触れておこう。

まず、儒学という中国の思想の導入は、中国こそが聖人を生んだ人類文明の中心（「中華」）であり、日本は「夷狄」であり、後進の小国であるという劣等感を引き起こしがちである。したがって、日本における儒学からは、自国を優越的に感じるナショナリズムは生まれないか、生まれるとしても中華思想への反発や劣等感の補償といった歪んだ形で現れると考えられてきたし、現にそういう例も少なくない［佐藤二〇〇九―四～一三、渡辺二〇一〇―一五章］。こうした解釈からすれば、儒学を契機とするナショナリズムとは、屈折した心理の産物でしかないということになる。では、仁斎についてはどうか。

仁斎も、確かに、古代中国の聖人を崇拝しており、論語を「最上至極宇宙第一の書」とまで呼んでいる。しかし、そのことが、ただちに儒学発祥の地である中国に対する劣等感に結びつくとは限らない。なぜなら、ある思想を優れていると考えることと、その思想が生まれた国を優れていると考えることとは同じではないからだ。その思想が、個別の文化や時代を超越した普遍的な真理を指し示すものと受け止められている場合には、なおさらである。

特に仁斎が論語から学んだのは、平正日用の経験世界における実践を尊重せよという教えである。高遠な真理は高遠なところにあるのではなく、卑近なところにある。そういう聖人の教えに忠実に従うならば、尊重すべきは、高遠な中華文明ではなく、己が生活を営んでいる国における実践であるということになる。何ら、中国に対する劣等感を抱かなければならないことなどない。

『童子問』の中で、仁斎は、「王道を実践するためには、古代中国の聖人が敷いた井田法《せいでんほう》などの制度を導入しなければならないのではないか」という問いに対して、「王道は、具体的な法制度の中にあるのではなく、仁義の政治を行うことにある。もし聖人が今の世に生まれたならば、今の習俗に合わせ、今の法制度を用いて仁義を実現するに違いない」と答えている［童子問巻の中―一〇九］。ここから分かるように、仁斎が理想視したのは、具体的な時代・場所としての古代中国ではなく、古代中国において行われていたとされる「仁義」という政治理念なのである。

しかも、仁斎は「仁義の政治が行われるところでは王朝が長く続くものであるが、日本では神武天皇が建国して以来、皇統は途絶えたことはない。これは中国が及ばない点である」と誇らしげに述べている〔論語古義巻の五—一八二〕。

江戸時代において、皇統の連続性を日本の優越性の根拠とする言説は、仁斎に限ったことではなく、様々な立場の論者がこの点を強調しているが〔渡辺二〇一〇—三一二〜五〕、仁斎の場合は、普遍的な真理を開陳した「最上至極宇宙第一の書」とする論語を、その根拠にしているのである。これを、中国に対する劣等感の補償だと診断するのは、それこそ屈折した偏見であろう。我々は、仁斎の説くところを素直に受け止めればよいのだ。

そして、この皇統の連続によって日本の優越を説く議論こそ、後に水戸学が最大限に強調するところとなり、その尊王論へとつながっていく。ここでも、仁斎は、ナショナリズムの種を播いていたのである。

第三章 荻生徂徠の保守思想

1　徹底したプラグマティスト

伊藤仁斎が開いた古学を引き継いだのが荻生徂徠である。徂徠によって、古学の思想は、より実践的な政治論として発展し、そして水戸学へと流れ込んだのである。

荻生徂徠は一六六六年、医師荻生方庵《ほうあん》の二男として生まれ、一七二八年に没した。方庵は後に将軍となる徳川綱吉に仕えていたが、徂徠が一四歳の時、方庵が綱吉の咎《とが》めを受けて江戸を追われるという事件が起きた。このため、徂徠は、一族ともに房総半島の農村に移り住み、方庵が赦免されて江戸に戻るまでの一三年間をそこで過ごした。その間、徂徠はほぼ独学で漢籍を習得するとともに、農民生活の実態を目の当たりにするという貴重な経験を得た。また、一三年後に戻った江戸で、風俗の大きな変化を目撃し、大きな衝撃を受けた［政談巻之一―五九］。これらの経験は、徂徠の実践哲学の形成に決定的な影響を与えた。

江戸に戻った徂徠は、綱吉の側近の柳沢吉保に儒者として仕えた。その頃の徂徠は朱子学の強い影響下にあったが、伊藤仁斎の影響も受けつつ、次第に朱子学を脱し、独自の古文辞学を形成していった。そして八代将軍徳川吉宗の時代となった一七一七年以降、『弁道』『弁名』『学則』『論語徴《ろんごちょう》』などを次々と著した。その後、徂徠は隠密《おんみつ》御用に任ぜられ、将軍吉宗に、当時の社会の分析と制度改革論を展開した『政談』を提出するなど、政務に関して具体的な意見を述べるようになった。また、儒学や具体的な政治論の外にも、兵学、度量衡、医学、古典、詩文、音楽など多方面にわたって業績を残している。

徂徠は、「日本の儒学思想史、江戸期の思想史において、間違いなく最もスケールの大きな思想家」［田尻二〇〇八―二］と目されており、その影響は儒学のみならず、国学にも及んでいる。しかし、後世の研究者たちによる徂徠の評価は一定していない。戦後、丸山眞男は、有名な『日本政治思想史研究』において、徂徠の思考形式に近代思想の萌芽を見いだす解釈を提出し、学界に大きな影響を与えた。しかし、片岡龍によれば、現在では、徂徠の思想に対する評価は、「護国の鬼神」的言説論の起点であるとか、「国体」の一起源としての陰謀的発想の源流であるとかいった消極的な見方が有力となっており、それゆえ、徂徠研究の数も減少してきているのだという［片岡二〇〇八―九二］。

これは、おそらく、徂徠の思想が後期水戸学のナショナリズムへと連続していることが認められており、そしてナショナリズムが否定的に見られているために、徂徠に対する評価も低下しているということなのかもしれない。しかし、本書の趣旨からすれば、後期水戸学に影響を及ぼしているからこそ、徂徠は避けて通ることのできない重要人物なのである。

本章の議論をあらかじめ要約しておこう。徂徠の思想は、仁斎による朱子学の合理主義批判を継承し、そのプラグマティズムを徹底させたものであると言える。それは、理性では解明できず、言語では表現しきれない経験世界に目を向け、それを最大限重んじるものであった。人間は社会環境の中での経験や習慣を通じて、一定の行動様式を体得する。徂徠はこうした人間理解を踏まえて、制度を通じて人間の行動様式を形成することで世を治めるという実践的な統治を唱えた。その制度の総称が「道」であるが、徂徠にとって「道」とは、聖人たちが数千年の時間をかけて形成してきた伝統のことである。また、実践を重視する徂徠は、不確実で動態的な社会の中で政治を行うには、宗教あるいは「聖なるもの」が必要であるとも考えていた。徂徠は、伝統を重んじ、「聖なるもの」を信じる保守思想家であった。

徂徠は、自らのプラグマティズムを実際の経済問題に適用してみせた。当時の日本は商品経済化が進み、それが物価の不安定化を引き起こし、また武士階級の経済基盤を動揺させるという社会問題に直面していた。徂徠は、この未知の問題と格闘し、様々な実践的な対策を提言した。特に、武士の領地への土着化を提唱し、武士と領民が階級を越えた連帯を強めることを企図したが、これは国民統合にも発展しうる構想であり、後に水戸学にも継承されたのである。

2　方法論

†実践哲学

徂徠の打ち立てた古文辞学は、堯《ぎょう》・舜《しゅん》・禹《う》等、古代中国の傑出した統治者である「先王」が樹立した「道」を記録した書である『六経《りくけい》』を、その時代における言葉の用い方に従って読もうとするものであった。

朱子学など後世の儒学は、「今文を以て古文を視る」ので、名と物、言葉と言葉が指し示す対象とが一致せず、正しく理解することができない。このため、後世の儒者たちは、勝手な理論を構築して、その理論に従って一通り論理が通るようにして、経書を読もうとする［弁道―一二］。それゆえ、彼らには「先王の道」を正しく理解することができない。朱子学は、その方法論から間違っているのである。

そこで、徂徠は、『六経』を当時の用法に従って理解すべしと提唱するのである。それは、優れた語学力と並々ならぬ博識を必要とするものであろうが、他方で、文献考証学としては至極当然のことを言っているに過ぎないようにも見える。だが、この徂徠の方法論の基礎には、彼の政治論をも貫通するプラグマティズムが横たわっているのである。それは、簡単に言えば、次のようなものである。

そもそも、人類発生以来、物事があれば、その名称があった。最初は、「物の形ある者」（物理的事実）にのみ、名称が与えられていた。しかし、聖人が世に現れて、「物の形なき者」（社会的事実や規範）に名を与え、それ以降、一般人が形のない物についても知ることができるようになった。

ところが、時代の変遷とともに、様々な論者が現れて、おのおの自分の勝手な理解で、形のない社会的事実や規範に名前をつけてしまい、それ以降、先王や孔子が示した「道」が、正確に伝わらなくなってしまった。「世は言を載せて以て遷《うつ》り、言は道を載せて以て遷る。道の明らかならざるは、職としてこれにこれ由《よ》る」〔学則―一九〇〕。したがって、先王の道を明らかにするためには、言葉の原義をたどらなければならない。徂徠にとって、学問とは、究極的には、語源学（etymology）の形をとるものなのである。

なぜ、物と名は、時代の変遷とともに乖離していってしまうのか。それは、自然も人間も「活物」だからである。この世は、人間と人間、あるいは人間とその周辺環境とが相互に交流している世界であり、それが無限の変動を生み出している。この世界がどう動くのかは、前もって知ることができない［徂徠先生答問書（以下「答問書」）下―一九八］。

先王が示す「道」も無限に変動する活物であり、それゆえ、人間の限りある理性によってすべてを明らかにすることはできない。「道」とは、実践経験の世界である。言葉によって言い表されうるのは、広大な「道」の一端だけである。それゆえ、先王は、論理ではなく具体的実践を通じて「道」を教えようとしたのである［弁道―二六］。

「道」という経験世界には、科学哲学者マイケル・ポランニーが言うように、言葉によっては言いつくせない「暗黙知（tacit knowledge）」の次元がある。ポランニーは暗黙知を論じて、「我々は、言うことができる以上に知ることができる」と言ったが、徂徠もまさに暗黙知について語っている。「学ぶの方は、習ひて以てこれに熟し、黙してこれを識る。黙してこれを識るに至りては、すなはち知らざる所あることなし。あに言語の能く及ぶ所ならんや」［弁名上―七〇］。

経験世界における暗黙知の次元とは、政治哲学者マイケル・オークショットの言葉を借りれば「実践知（practical knowledge）」である。「実践知」とは、理性によって知る知識ではなく、活動や実践経験を通じて体得するものである。例えば、料理は、料理の本を読んただけでできるようになるのではない。実際に、鍋や包丁を使って習熟していく。あるいは、自転車も、乗り方を教わっただけでは乗りこなせない。実際に乗って練習することで、乗り方を体得する。これが「実践知」である。

徂徠は、「格物致知《かくぶつちち》」を、実際の経験や慣れによる習熟を通して「実践知」を身につけることと解する。「格物致知」とは、「物が向こうから来て、知に至る」という意味だからである。ところが、朱子学はこれを「物の理に窮め至る」と理解してしまう［弁名下―一七九］。つまり先に実践し、体験と習熟を待って知を得ようというのではなく、実践より知性を先行させようというのが朱子学なのである。これは、実際に作ってみることもせずに、料理本で得た知識だけで、料理の腕を上げることができるという発想である。朱子学の「格物致知」とは、再びオークショットの言葉を引けば、「実践知」ではなく「技術知(technical knowledge)」だけで、世界を解明できるとする合理主義なのである。

徂徠は、理性を一切否定しているというわけではない。ただ、理性それ自体は、行動準則にはなりえないだろうと言っているのである。例えば、同じ飴を見ても、殷の賢者である伯夷であれば、「これで老人を養える」と言うだろうが、大盗賊の盗跖《とうせき》であれば「これを敷居に流し込めば、物音をさせずに戸を開けて侵入できる」と言うだろう。善行をなすのにも論理があれば、悪行をなすにも論理がある。だから、先王や孔子の「道」では、

「理」ではなく「義」と言ったのである〔弁名―一五〇〕。ここで言う「義」とは意義のことであるが、言葉の意義は、具体的な事物あるいは状況と対応させることで明らかになる。言葉が具体的な事物から乖離してしまえば、勝手な解釈がいくらでも可能になってしまう。朱子学など後世の儒学の失敗も、そこにある〔弁道―一二〕。そこで、古代の聖人の言葉は、その言葉の背景にある当時の具体的な事物を踏まえて、その意義を捉えなければならない。それが古文辞学の方法である。

†歴史哲学

聖人の言葉を当時の具体的な社会的文脈に置いて理解しなければならないという古文辞学は、社会というものが時間とともに変化し続ける「活物」であるという動態的な社会観の上に立っている。これは仁斎も同じである。それゆえ、仁斎も「意味」と「血脈」の解釈学や、「活道理」の概念を提示した。徂徠は、それをさらに推し進めて、歴史へと向かうのである。

古の社会が、長い歴史を経て変化し、現在の社会がある。時代が異なれば社会制度も異なる。それゆえ、古代の社会的事実を知るためには、当然歴史をたどらなければならないが、同時に、現在の社会を知るためにも、歴史を知らなければならない〔学則―一九二～

三」。

また、学問とは、抽象論理を推し進めることではなく、実際の社会の中で実践経験を積むことを通じて、人間や社会の現実を体得することであるが、その社会の変遷を記録したのが歴史である。ならば、歴史を学ぶことは、人間や社会の現実を会得するということであり、歴史を学ぶことこそが真の学問である。「されバ見聞広く事実に行《いき》わたり候を学問と申事ニ候故、学問ハ歴史に極まり候事ニ候」［答問書上―一七八］。人間も社会も無限に変動する「活物」なのであれば、その動態を捉えるのは実践経験であり、そして究極的には、歴史を学ぶことである。(16)

もちろん、後世の儒学も歴史を重視しはする。しかし、『通鑑綱目《つがんこうもく》』など、後世の儒学者たちが尊重する歴史書は、現在の彼らの理論のバイアスを通じて過去を見ようとするものであり、また、歴史の中に一律の「理」を見いだそうという目的で書かれたものである。しかし、それでは、歴史の生き生きとした動態が捨象されてしまい、人間の生の現実を学ぶことができない。それならば、単に事実を記述しただけの『資治通鑑《しじつがん》』の方がはるかに勝っている、と徂徠は言う［同前―一七八］。

この徂徠の歴史観は、今日においても重大な課題を提起している。例えば、戦後日本で影響力をもった講座派の歴史学は、マルクス主義の段階論的な歴史発展の理論を通じて、日本の歴史を語る。それによれば、いずれの社会も、アジア的専制社会、古代社会、封建社会、絶対主義体制と段階を経て発展する。そして、絶対主義の下でブルジョワ階級が成長して、近代市民革命を遂行して旧支配層を打倒し、近代社会を誕生させる。そして今度は、ブルジョワ階級と労働者階級が階級闘争を繰り広げ、最終的には労働者階級による社会主義革命が起こり、社会主義社会が誕生する。講座派は、この図式の下、江戸時代を封建社会とみなし、明治政府を絶対主義体制と位置づける。そして、日本では、未だ近代市民革命がなされていない未熟な社会であり、これを克服しなければならないと論じるのである。この歴史観は、段階的発展の「理」を歴史の中に見いだそうとするものである。朱子学と同じように、合理主義に立って歴史を見ているのである。講座派は、日本の近代社会としての未熟を嘆きながら、皮肉なことに前近代の歴史書『通鑑綱目』とまったく同じ過ちを犯しているというわけだ。

この「日本は、前近代的な遺制を色濃く残した未熟な社会である」というストーリーは、今日もなお、世間一般に、通俗的歴史観として強い影響力をもっている。本書の冒頭で述べた開国物語などは、その典型である。この「旧体制を破壊して、新しい世の中を創造する」ストーリーにそぐわない歴史上の人物は無視されるか、失敗者や悪役として登場させられる羽目になる。そして、矛盾や悲喜劇をはらむ歴史の生き生きとした多様性は、排除されてしまうのである。徂徠がこれを知ったら、「只人の利口を長し候迄ニて御座候」〔同前―一七八〕と苦々しく言ったのではないだろうか。

3 政治哲学

†制度論

徂徠は、孔子の教えは政治の実践哲学であるという根本をつかんで、それを決して手離そうとはしない。政治の大目的は、天下を治め、民を安んずることである。「孔子の道は、先王の道なり。先王の道は、天下を安んずるの道なり」〔弁道―一三〕。

朱子学など後世の儒学は、統治者が徳を身につけて聖人となれば、おのずと天下は治まると考えるが、それは「外を軽んじて重きを内に帰す」過ちを犯している。先王の道は、統治者が自身の身を修めるだけではなく、必ず秩序の安定した良き統治を実現するという結果を出さなければならない〔同前―一三〕。

そのためには、そもそも人間というものの性質を押さえておかなければならない。まず、人間とは、（主流派経済学が想定するような）原子論的な「個」ではなく、お互いに協力し、交流し、依存し、集団や組織を形成する社会的動物である。「故に人の道は、一人を以て言ふに非ざるなり。必ず億万人を合して言をなす者なり。今試みに天下を観るに、孰《たれ》か能く孤立して群せざる者ぞ」〔同前―一七〕。

もちろん、人間の性格は、個々人で異なる。米はいつまでも米であり、豆はいつまでも豆であるように、もって生まれた気質は変わらない。ただ、もって生まれた性質を養い、伸ばし、うまく活用すべきなのである〔答問書中―一九四〕。

人間の性質に即した統治を行うために必要なのは「礼楽刑政」、一言で要すれば「礼」である。「礼」とは、今日の用語で言えば、広く「制度（institution）」であると言ってよい。そして、聖人の「道」とは、もろもろの制度の総称に他ならず、制度を離れては「道」なるものはあり得ない〔弁道―一三〕。

人間は社会的動物であり、もろもろの制度から構成された社会環境の中で実践経験を積むことで、習慣を身につけ、実践知を体得する。「格物致知」である。習慣を身につければ、人間は自然と賢明な立ち振る舞いをすることができるようになる。「道は外に在り、性は我に在り。習慣、天性のごとくなるときは、道と性と合して一つとなる」〔弁名上―九三〕。したがって、適切な社会制度を設けることで、人間の性質を変え、良き統治を実現することができる。「故に先王の道は、礼を以て心を制す」〔弁道―二七〕。先王の道とは、制度論なのである。

論語に「民はこれに由《よ》らしむべし。これを知らしむべからず」とあるのも、制度による統治を意味するのだと徂徠は言う〔弁名上―四三・四七〕。今日、「由らしむべし。知らしむべからず」というと、愚民観に立った傲慢なエリート主義を指して用いられることが多い。例えば、市民を信頼せずに、情報を公開せず、市民の知る権利を尊重しないような行政の態度を批判する際、この儒教道徳が引用される。

しかし、徂徠はそのような意味にはとらない。人間というものは、あまねく、実践知や道徳を経験を通じて体得する。実際に体験させ、習慣化させることで、言葉によっては教えられないことも身につけさせることができる。先王は、この人間性を知りぬいていたから、社会制度を制作し、社会における人々の経験を通じて、彼らの性質を育て、行動様式や態度を変容させ、世を治めようとしたのである。この社会における行動様式の変化を、徂徠は「化《か》する」と言う〔同前―七〇〕。「化する」とは、今日の社会学者が「社会化（sociali-zation）」と呼ぶ概念に近い。

社会的存在という人間の本質を理解するならば、人々を統治するためには、制度を通じて社会化すべきであって、言葉によって教化すべきではないということになる。これが、

「由らしむべし。知らしむべからず」の真意である。これは、エリートが一般市民を見下しているなどという矮小な話なのではなく、人間は習慣の動物であるという観察と理解に基づくプラグマティズムの政治学なのである。

礼と義

統治とは、適切な制度を通じて民の行動を変容させ、秩序の安定や泰平といった結果を出すための実践的な技術である。先王の道とは、制度を利用した統治術なのである。「けだし先王の道は、みな術なり」〔同前―一四七〕。「術」とは、実践的な手段である。合理主義的な後世の儒学は「術」の字を軽視し、「理」を説こうとする。しかし、聖人は、実践的な手段、方法、行動を重視したのである〔弁名下―一四九〕。先王の道とは、すぐれてプラグマティックなのである。

さらに、統治の「術」は、「礼」すなわち制度を確立するだけでは足りない。なぜなら、人間も社会も「活物」であり、無限に変化する動態である。これに対して、制度は、一定の形式であり、基本的に動かないものである。したがって、制度は、変化する事態に応じて、その大目的である「民を安んずる」ことが実現するように、適宜適切に解釈され、運用される必要がある。その解釈・運用が「義」である。「礼は以て心を制し、義は以て事を制す。礼は以て常を守り、義は以て変に応ず。この二者を挙ぐれば、先王の道は、以てこれを尽くすに庶《ちか》し」〔弁名上―七五〕。動態的な社会を統治するためには、制度（「礼」）の整備のみならず、その解釈・運用（「義」）が必要である。「義」がなければ「礼」は、状況に対して臨機応変に対処できない硬直的なものとなってしまう。「道」は、「礼」と「義」の二重の構造となっており、それにより、変化する社会に対して柔軟に対応できる。イギリスの法哲学者H・L・A・ハートの用語を用いて言えば、「礼」とは、ルールの中身を決める「第一次ルール」であり、「義」とは、その第一次ルールの具体的な運用の仕方を決める「第二次ルール」なのである。

「道」が、「礼」と「義」、制度とその解釈・運用の二重構造となっているということは、統治には、制度のみならず、それを解釈・運用する人材が必要となるということである。「総じて人と法との二つを分けて知るべき事也。法は仕形也。人とはそれを取扱う人也」〔政談巻之三―二一三〕。

政治は法制度だけではなく、状況を判断する人の能力がなければうまくはいかない。むしろ、「活物」である社会を治めるためには、制度の柔軟な解釈・運用を可能とする人材は、制度以上に重要になる。「法よりハ人猶《ひとなほ》肝要にて御座候。たとひ法ハ悪敷《あしく》候共、人能候へば相応之利益ハ有レ之物ニ候。……よき人を得る時ハ法ハ人より生じ申候」〔答問書中

―一八四］。

それゆえ、徂徠は、『政談』や『徂徠先生答問書』などにおいて、人材登用術の重要性を説くのである。そこで徂徠は、例えば、状況判断力や対応力に優れた人材を見いだすためには、「疵物」のようなひと癖ある人物を、その失敗を恐れずに登用し、実際に使ってみることが肝要であるといった、実に魅力的で実用的な人事管理術を披露するのである［答問書中―一八五〜七、政談巻之三］。

なぜ、人材の目利きをするのに、実際に使ってみる必要があるのか。人間の実践知は、実践を通してのみ発揮されるものであり、外からは事後的にしか知ることができないものだからである。徂徠は、実践に従事することを「事にはまる」と表現する［政談巻之三―二三四〜五］。政治や行政は、対象である社会から距離を置いて、政策を立案したり、執行したりすべきものではない。政治家や行政官が、社会の中に「はまる」ことで実践知を獲得し、社会の予測不可能な変動に応じて、政策を柔軟に運用すべきなのである。

人材登用の効能は、それだけではない。身分は低かったが有能であるために登用され、昇進した人材は、下の身分の人々の心情をよく知っている。それゆえ、下の身分の人々が直面している問題にも配慮がいきとどいた政治が行われ、国家がよく治まるのである［同前―二〇二〜三］。

制度のみならず、制度を運用する生身の人間にも着目する徂徠は、法家思想のように、徳なき統治技術のみで世を治められると考えてはいない。人間とは、相互に依存しあう社会的動物であり、相手の立場に対して共感を覚える存在である。それゆえ孝・弟・忠・信といった道徳が国家の土台となる。父母・兄弟・君臣・朋友の親密な関係を土台とした上で、統治の技術を行使するのが先王の道なのであって、その土台なしに統治術のみを弄するのは邪道なのである［答問書中――一九五～七］。

徂徠の国家論において、さらに重要なのは、仁を土台とした国家においては、統治者が被統治者に向けて一方的に指示や統制を行うのではなく、統治者と被統治者との間に上下の相互交流や相互依存関係があるということである。その相互依存関係を可能にするのは、士農工商の身分制度である。農は食料生産、工は工業生産、商は流通、士は治安維持をつかさどるが、これらはそれぞれの「役」に特化しつつも、相互に依存しあって、国全体を支えている。いわゆる「社会的分業」である。しかも、各人は社会的分業を通じて、君子が仁政を実現するのをそれぞれの立場から支える「役人」なのだ、と徂徠は言う［答問書上――一七六～七］。仁政は、君主から民衆に対してなされる一方的な行為ではない。民衆も社会的分業を通じて仁政に関与しているのである〔田尻二〇〇八―一八五〜七〕。士農工商の制度を通じて、統治者と被統治者は相互依存関係を結び、階級を越えた一つの運命共同体を成すのである。

もちろん、徂徠は、民主主義的な政治参加を唱えていたわけではない。民衆の仁政への関与は、あくまでも士農工商という身分制度を通じた社会化によるものである。封建的な階級制度は当然の前提であり、統治者は「上から」民を治めるものと考えられている。しかし、この上下関係は固定的なものでは必ずしもない。「君子」とは、「上に在るの称」であり、民を治めることを職とする者であるが、身分は低くとも、人の上に立って政治を行うのに十分な徳があれば、君子と呼びうるのである。それゆえ、先王が治めた古代においては、徳を身につけた人物は昇進して、政治を行ったのである〔弁名下―一八一〜二〕。他方、君子の対概念である「小人《しょうじん》」とは、日々の生活に追われている庶民のことである。「民の務むる所は、生を営むに在り。故にその志す所は一己を成すに在りて、民を安んずるの心なし。これこれを小人と謂ふ」〔同前―一八二〕。小人の場合も、君子と同様に、固定的な地位や身分によって決まるものでは必ずしもない。政治家の地位にあっても、「民を安んずるの心」を欠いていれば、小人なのである。

君子は、人の「上に在る」ものとされているが、「上に在る」とは「公」ということである。徂徠は「公」と「私」について、次のように定義する。「公なる者は私の反なり。衆の同じく共にする所、これを公と謂ふ。己の独り専らにする所、これを私と謂ふ」〔弁名上一〇五〕。

この徂徠の「公」と「私」の定義を見る限り、今日における「公」と「私」の用法と大きくは違わない。しかも興味深いことに、徂徠は「君子の道は、衆と共にする者あり、独り専らにする者あり」と続けている。君子の道には、公私両面があるというのである。

朱子学においては、「公」とは、万人に共通する本性である「理」である。この「理」を顕現させたとき、「私」にとらわれない「無我の公」が実現する。朱子学の理想は、「公」のみで「私」のない政治の実現である〔渡辺一九九七―九八、渡辺二〇一〇―一三〇〜一〕。

朱子学のみならず、西洋においても、「無我の公」を理想視する古典的共和主義という思想の伝統がある。古典的共和主義は、「公」のみで「私」のなかった古代ギリシアや古代ローマの共和制を憧憬し、「私」の蔓延する近代社会を厳しく批判するのである。例えば、一八世紀スコットランドの啓蒙思想家アダム・ファーガスンはこう述べている。「古代のギリシア人やローマ人にとって、個人は無であり、公がすべてであった。近代人にとって、多くのヨーロッパ諸国においては、個人がすべてであり、公が無である」〔Ferguson 1995: 57〕。この古典的共和主義は、「私」が蔓延し、「公」が損なわれた資本主義社会や近代の個人主義を批判する有力な根拠として、現在でも大きな影響力をもっている。

これに対して、徂徠が理想視する政治家は、「私」の側面も持ち合わせた生身の人間であった。聖人・君子といえども、人間である以上、「私」がないということはあり得ない。ただ、統治者は、国家を統治する以上は、「公」を尊重しなければならない。「君子といへどもあに私なからんや。ただ天下国家を治むるに公を貴ぶ者は、人の上たる道なり」「弁名上―一〇五」。

君子とは、「衆と同じく共にする所」である「公」を優先する者のことである。身分や地位が高くとも、「私」すなわち「己の独り専らにする所」にばかりかまけて、「民を安んずるの心」がないのは小人である。逆に、身分や地位は低い者であっても、「私」より「公」を優先するのであれば君子なのであり、人の上にあるべき存在である。これが徂徠の「君子・小人」「公・私」「上・下」の概念であった。

平等主義のイデオロギーが浸透した現代人は、「人の上にある」といった言葉に躓きがちである。しかし、徂徠によれば、「公」とは「衆と同じく共にする所」であり、「衆と同じく共にする所」は「己の独り専らにする所」よりも上位の価値にあるものである。下位の価値である「私」を抑制して、上位の価値である「公」に務める者は君子である。君子は、そうでない小人よりも尊重されるべきであり、それに応じて社会的地位の上でも上位に置かれるべきである。しかも、君子・小人の上下関係は、身分・階級として厳格に固定されるべきではない。有能な人材は、生来の身分は低くても君子なのであり、より高い身分へと登用されるべきである。この徂徠の「公・私」の概念は、抽象的なレベルで言えば、現代でも十分に通用する普遍性を有しているのではないだろうか。

4 政治における「聖なるもの」

†丸山眞男の徂徠解釈

丸山眞男は、『日本政治思想史研究』の中で、徂徠に近代思想の先駆者としての名誉を与えるという解釈を提示し、学界に大きな影響を与えた。丸山の説は、ごく簡単に要約すれば、次のようなものである。

江戸時代初期の儒学において支配的な地位にあった朱子学は、社会の秩序が人間の道徳的本性に基づいて自然に形成されてきたという「自然」の思考様式に立っていた。これに対し、徂徠は、社会秩序は、聖人の行為によって人工的に建設されたものであるという

「作為」の思考様式を提示した。この「自然」の思考様式に対する「作為」の思考様式の登場は、西洋史における近代思想の出現になぞらえられる。西欧中世の自然法思想は、自然世界も社会世界も「自然」によって支配されており、人間の力によっては改変できないものと考えられていたが、その後、社会契約説に見られるような、人間が主体的に社会秩序を作為し変革できるのだという思想にとって代わられた。これが近代思想の誕生である。徂徠の登場は、この西欧思想史における近代思想の出現に匹敵する画期をなすものである。

もちろん、徂徠の思想には、天や聖人の不可知性を主張するなど非合理主義的な側面があり、その意味では、合理主義的な近代思想とは相容れないように見える。しかし、西洋思想史においても、中世の自然法思想が解体して近代思想が誕生する過程においては、近世初期の絶対君主制のように、秩序の作為者の神格化という段階を経る。徂徠が、秩序の作為者を聖人として絶対視したのは、西洋思想史における絶対主義の登場に近似している。ゆえに、徂徠は、封建社会を擁護するために「作為」の思考様式を持ち出したにもかかわらず、「作為」の論理の必然的帰結として、人間が主体的に社会秩序を建設し、変革できるという近代合理主義への道を切り拓くこととなったのである。以上が、丸山の議論である［丸山一九五二―二章］。

確かに、徂徠は、聖人の聖人たるゆえんは、「道」という制度の総体を創設したことにあると断言している。

「聖なる者は作者の称なり。……ただその事業の大なる、神化の至れるは、制作の上に出づる者なきを以て、故にこれを命《なづ》けて聖人と曰ふのみ」［弁名上―六三］。

この徂徠の「聖」の概念は、一見すると、近世の絶対主義というよりは、二〇世紀の政治哲学者ハンナ・アレントの共和主義を彷彿とさせるものである。アレントによれば、法制度や政治体制の根幹にあるべき「権威」の起源は、国体（constitution）の創設行為の聖性にある［Arendt 1977］。彼女が理想視する古代ローマの共和制では、ローマの建国それ自体が「聖なるもの」とみなされており、それが権威として国家の土台となっていた。国体の創設行為は、政治参加によって新しいものを創造する人間の偉大な能力のあらわれであり、この国体創設という政治行為にこそ、人間の本質がある。それゆえ、古代ローマ人たちは、建国者を聖化したのである。アレントは、アメリカ合衆国こそが、この古代ローマの創設行為の精神を受け継いだものとして礼賛する。アメリカ合衆国は、革命によって新たな国体を創設し、しかもその創設行為を聖化して権威となし、国体を維持することに成功しているからである［Arendt 1990］。

徂徠もまた、「道」の創設行為それ自体を聖化しており、その聖性の権威をもって、政治共同体を統合する土台と考えている。しかし、徂徠はアレントよりはるかに保守的である。というのも、道は「これ数千年を更《へ》、数聖人の心力知巧を更《へ》て成る者にして、また一聖人一生の力の能く弁ずる所の者に非ず。故に孔子といへどもまた学んでしかるのち知る」［弁道一一四］。

「道」とは、確かに人間の「作為」によって創造されたものであって、「自然」に存在するものではない。しかし、その作為とは、あくまで、多くの聖人たちによる数千年の時間をかけた作為なのである。言い換えれば、「道」とは伝統や歴史の産物なのである。そして、聖化され、権威の源泉とみなされているのは、特定の個人の偉大な能力というよりは、長い伝統や歴史である。したがって、徂徠は、アレントのように、革命を聖なる創設行為だと礼賛することはしない。政治的共同体の核となる「聖なるもの」あるいは「権威」の源泉は、創設という偉大な政治行為ではなく、長年にわたる政治行為の積み重ねの歴史であり、伝統だからである。

徂徠が、「聖なるもの」の根拠を、社会秩序を作為した「主体」ではなく、数千年にわたる作為の歴史あるいは伝統に置いているのだとしたら、これは、社会秩序の主体的な建設や変革を是とする思考様式の正反対にあるものである。徂徠は、丸山が解釈するように、絶対主義を唱えて近代合理主義への道を拓いたのではない。むしろ歴史や伝統を重んじ、近代合理主義と対決した保守主義の先駆者として理解すべきである［源一九七六］。

保守主義は、一般に、フランス革命を引き起こした近代合理主義に対抗する思想として登場したと言われており、思想史上、『フランス革命の省察』を著したエドマンド・バークがその嚆矢《こうし》とみなされている。しかし、徂徠は、近代合理主義の出現以前に、それを否定する保守主義を用意していたのである。

†反合理主義

ところで、徂徠の議論はなぜ、「聖なるもの」にまで及んでいるのか。その答えの一つは、徂徠の実践哲学と関係している。

この世は常に変化する動態的な「活物」であり、複雑多岐である。また、人間の個性も多種多様である［弁道―一八］。人間の理性には限界があるので、不確実性をはらみ、複雑かつ多様な社会や人間をすべて理解して管理することはできない。人間が理性によって知ることができるのは、経験世界のごく一部に過ぎないのであり、その他に実践経験を通じてのみ知ることができる「暗黙知」の次元が広がっている。先王の道とは、民を統治するにあたり、民に言葉で理解させるのではなく、制度や慣習に由らしめ、経験させることで教化する「術」である。「由らしむべし、知らしむべからず」の先王の道とは、支配者の理性に期待するエリート主義なのではなく、不確実な世界を生きなければならない人間の本質的な限界を踏まえた上での統治術なのである。

その証拠に、徂徠自身も、聖人を信じると言っている。「愚老抔《など》が心ハ、只深く聖人を信して、たとひかく有間敷事《あるまじき》と我心ニハ思ふとも、聖人之道なれバ定めて悪敷事《あしき》ニてハあるまじと思ひ取りて、是を行ふニて候」〔答問書下―二〇八〕。実践知は、実践しなければ得られないのだから、まずは行動してみなければ始まらない。政治には、理性によっては正しいかどうか判断できなくても、実行しなければならない場合がある。その行動を先行させるための動機が、聖人の示した道を信じるということである。理性では分からなくても、とりあえず聖人を信じて、決断を下そうというのである。

政治とは、理性だけで行うことができないものであり、理性を越えた暗黙知や実践知によって行われなければならないものである。政治には、人間の理性を超越した不可知の領域がある。その政治の不可知の領域こそ、俗人の手の届かない「聖なるもの」である。それゆえ、政治には、必ず聖性が伴う。「先王の道は、天を敬し鬼神を敬するに本づかざる者なし」〔弁道―二九〕。徂徠は、エドマンド・バークやジョセフ・ド・メストールといった西洋の代表的な保守思想家と同じように、政教の完全な分離はあり得ないと考えているのである。

ところが、理性だけを頼りに完璧な政治を行うことができるとする合理主義は、社会の複雑さや人間の多様性といったものを包括する「先王の道」を破壊してしまう。「由らしむべし、知らしむべからず」を単なるエリート主義であると否定し、「知らしむ」ことだけで政治ができると信じる合理主義の傲慢さは、政治そのものの否定につながるのである。「後世の儒者は、知を尚《たっと》び、理を窮むるを務めて、先王・孔子の道壊《くず》れぬ。理を窮むるの弊は、天と鬼神と、みな畏るるの足らずとし、しかうして己はすなはち傲然《ごうぜん》として天地の間に独立するなり」〔同前―三〇〕。

実践的な政治たる「先王の道」を破壊する合理主義者として、特に警戒すべきは学者である。

いま必ず学者をしてまづその理を知りてしかるのちこれを行はしめんと欲せば、すなはちまた学者をして人ごとにおのおの聖人の権を操らしめんと欲するなり。これいづくんぞかの聖人を用いんや。故に窮理の失は、必ず、聖人を廃するに至るなり。

〔弁名―一五二〕

社会の現実に疎く、実践経験を軽視し、理論や抽象論理のみを用いて政治を行おうとする合理主義的な学者は、自分たちの思いついた制度設計や社会改造を望み、結果として、政治を破壊するであろう。この徂徠の実践経験の重視、合理主義に対する警戒、そしてとりわけ知識人に対する批判は、デイヴィッド・ヒュームやエドマンド・バークから、G・W・F・ヘーゲル、あるいはマイケル・ポランニー、マイケル・オークショットに至るまでの西洋の保守思想の精神とまったく同じものなのである。(17)

†天命とは何か

徂徠は、人間が行動する場合においても、「聖なるもの」が必要だと考えている。それは、『徂徠先生答問書』において、鬼神を論ずる中で述べられている。

聖人は鬼神を信じていたが、民にとっては、鬼神を信じることは、次に二つの理由から必要であると徂徠は言う。

一つは、「稽疑《けいぎ》」である。世界は無限に変化し続ける「活物」であるのに対し、人間の理性には限界があるので、将来を常に正確に予測することはできない。人間は、これから何が起こるか分からないにもかかわらず、何をすべきかを決断し、未来という不確実性の闇に向かって行動しなければならない存在なのである。例えば、道の分岐点にあって、右に進んでも左に進んでも、悪いことが起きる確率が共に五〇%であるような場合、人は理性によっては、どちらに進むべきかを決断できない。しかし、だからと言って決断しないわけにもいかない。そのような場合は、占いによって鬼神の判断を仰ぎ、どちらに進むべきかを決断するしかない。これが「稽疑」である。

もう一つは、「開物成務《かいぶつせいむ》」である。人は他者と協力して、何か新しいことをやらなければならない場合がある。しかし、今までやったことのない新しいことについては、誰もが不安を感じ、協力すべきか否か、躊躇するであろう。それでは、集団で新しいことをやることはできない。そこで、占いによって、新しいことをやることが吉をもたらすことを示す。そうすれば、人々は、心を一つにして未知のことに挑戦するであろう。例えば、戦争においては、敵の出方が分からないという不確実性の中にあるにもかかわらず、一致団結して行動をともにしなければならない場合がある。そのような場合に、占いが用いられるのである［答問書下―一九八〜九］。

徂徠は、政治統合や民衆の動員のために神秘的権威を利用することを考えているようにも見える［渡辺二〇一〇―一八五〜六］。確かに、徂徠は、聖的権威が民衆を動員し、統合する力をもつものであることを認識しているであろう。しかし、徂徠が、神秘的権威を手段として民衆を意のままに操作するエリートによる政治を構想していたとは必ずしも言えない。なぜなら、徂徠によれば、民衆のみならず、エリート＝君子もまた、聖的権威の下に服従するものだからである。というのも、一般民衆は占いによって行動を決めるのに対し、君子は天命を知って、自ら進む道を決断するのである〔答問書下―一九八〕。エリートは、自らの理性ではなく、自分より上位の「天」の命に従うというのだ。

世界は刻々と変化する動態であり、未来は不確実性に満ちている。先のことを知ることができないという理性の限界は、君子・小人を問わず、すべての人間に課せられている。そして、君子も小人も、未来という不確実性の闇に向けて、その身を投げ出さなければならないのであり、そのためには、聖的権威が必要になる。ただし、小人が占いに頼るのに対して、君子の場合は天命を知るのである。

天命を知るとは、どういうことか。それは、人間が、所与の環境に偶然に生まれ落ち、自分の力ではいかんともしがたい偶発的な状況や時代に制約されているということを自覚することである。時代環境の制約の中で、己の為すべき事を為すしかない。そう覚悟することが「天命を知る」ということである〔弁名上―五九〕。

徂徠の政治論が、為政者の結果責任を重視するものであることは、すでに指摘されているが〔源一九七三―六六～七〇、田尻二〇〇八―一八〇～三〕、この結果責任論も、徂徠の実践哲学や運命観と深く関係している。政治家は、この先、何が起こるか予測できない不確実性と、たまたま生まれた時代環境という二つの制約の中で、民を安んずるという目的のために、格闘していかなければならない。不確実性と時代環境の制約にあっては、何が正しい政治なのかをあらかじめ知ることはできない。政治の善し悪しは、結果を事後的に判断するしかない。「されば治めの筋は、上へも外へも見えぬもの也。年月をへて後、その治めのよきと悪しきは知らるる事也。されば身にふみこみて、人見・人聞きをかまわぬ心にあらざればならぬ事也」〔政談巻之三―二五〇～一〕。それゆえ、同時代の人々からは批判されるような政治が、後世から判断すれば高く評価されるようなことも十分にある。

だから、孔子は、王道と覇道の区別をしなかった。時と状況次第では、強権的な覇道でなければ民を安んずることができない場合もあるからだ。「王と覇と、その異なる所以の者は、時と位とのみ」〔弁名下―一八三〕。

ある政治が王道であるか、覇道であるかは、事前に決めるのではなく、それが民を安んずることにつながったかどうかという結果を基準にして、事後的に判断するしかない。ならば、政治家は、マックス・ヴェーバーが『職業としての政治』の中で述べた「責任倫理」を全うするしかあるまい。すなわち、己が民のためと信じることを実行し、その結果は天命と思って引き受けるのである。政治とは、その本質に迫れば迫るほど、天命を知るというような超越的、宗教的な次元に踏み込まざるをえないのである。

孔子は五〇にして天命を知ると言ったが、なぜ、天命を知るのに五〇歳という年月が必要だったのか。徂徠の解釈は、次のようなものである。孔子が先王の道を学び、優れた統治術を身につけた。しかし、五〇歳という肉体が衰える年齢になっても、誰も孔子を採用して政治に従事させようとはしなかった。そこで孔子は、自分の為すべきことが、政治家になることではなく、知識人となって先王の道を後世に伝えることなのだと自覚した。孔子には、優れた政治家になる能力があった。世が世なら、新しい王朝を開くことすらできる人物であった。それにもかかわらず、自らの運命が政治家ではなく知識人であることを知るためには、五〇歳になるまで任用してくれる優れた君主に出会えなかったという時代環境がなければならなかったのである〔同前一二六〕。

人間は、生まれ落ちた特定の環境の制約から逃れられない存在である。孔子といえども、その時代環境から自由ではない。そのような中で、君子と小人を分かつものは何か。小人は時代環境の制約に翻弄されるだけだが、君子は、時代環境の制約を運命であると自覚し、その運命を積極的に引き受けることができる。それが「天命を知る」ということである。

古代ローマの哲学者セネカは「運命は欲する者を導いていき、欲しない者を引きずっていく」という言葉を残した。オズワルド・シュペングラーは、西洋文明の必然的な衰亡を予言した大著『西洋の没落』を、このセネカの言葉で締めた。オルテガは「運命を欲する者」を「エリート」と呼び、「運命を欲しない者」を「大衆」と呼んで侮蔑した。徂徠であれば、前者を「君子」、後者を「小人」と言っただろう。

真の政治は、必ず「聖なるもの」「超越的なもの」「運命的なもの」を伴う。政と教、政と祭は、本質的には分離できない。そして、真の政治の実践である「先王の道」とは、まさに祭政一致であった。それだけではない。日本の神道も祭政一致であり、日本の国体は、「先王の道」に合致するものであるとまで、徂徠は言うのである〔論語徴、吉川一九七五—二四四〜二五一〕。

徂徠は、中国の文化を崇拝していたことで知られ、特に孔子の肖像に「日本国夷人物茂卿」と署名したため、自国を非文明国と卑下するものとして批判されることが、特に戦前にはあった。しかし、徂徠は、古代中国の「先王の道」に普遍的な価値を見いだしていたのであり、彼にとって重要なのは、その普遍的な価値であって、その発祥地である中国それ自体ではなかった。むしろ、徂徠は、この「先王の道」によって示された祭政一致という普遍的な政治的価値によって、日本の国体を正当化しているのである。徂徠は、ナショナリストであった〔吉川一九七五—二〇一〜二四二、尾藤一九七四〕。そして、この徂徠の祭政一致の政治哲学が、後期水戸学へと継承されるのである。

5　政策論

†江戸の経済問題

徂徠は、不確実性に満ちた世界の中で、未来に向けて決断を下し行動することに政治の本質があると考えていた。そして、徂徠が生きた当時は、まさに、そのような政治を実践しなければならないような時代環境にあった。当時の日本人は、未だかつて直面したことのない、経済社会の未知なる変化に直面し、危機的な状況に陥りつつあったのである。それは、商品経済化という新たな現象の出現であった。徂徠は、「先王の道は、天下を安んずるの道なり」という自らの政治哲学を実践する絶好の時代環境に置かれていたのである。

江戸時代初期の経済システムにおいては、領主が最大の商品である米を年貢として徴収し、その年貢米を売却して商品化していた。武士階級は、領主から米を俸禄として受け取り、それを貨幣に替えて生活していたのである。しかし、一七世紀半ばから農業技術の進歩により生産力が向上するとともに、商品生産が活発化した。さらに、幕府の兵農分離の方針によって、武士階級は城下町に集まって生活したので、そこに一大消費需要が生まれた。これにともない、商品流通も発達し、都市が繁栄した。いわゆる商品経済化・市場経済化の進展である。

これにより、当時の経済システムは、二つの構造的な問題を抱えるようになった。一つは、商品流通の発達により貨幣需要が増加したが、金銀の産出が追い付かず、貨幣不足となったことである。貨幣不足は、貨幣価値の上昇＝物価の下落をもたらす。いわゆるデフレ不況である。

もう一つの問題は、商品経済化の進展に伴い、他の商品と比べて、米の価格が相対的に下落していったことである。当時の幕府財政や武士階級の収入は、年貢米を基礎にしていたので、これは財政逼迫と武士階級の困窮をもたらす。すなわち、支配階級の経済的な没落という、政治秩序をも揺るがす階級格差の問題を発生させたのである。

江戸幕府の経済政策は、この物価の不安定化と階級格差の拡大という、二つの未知の問題との戦いの連続であった。例えば、元禄期の勘定吟味役荻原重秀は、当時の慶長金には銀を混ぜ、慶長銀には銅を混ぜて質を悪化させた元禄金銀を発行した。荻原の目的は、幕府の財政不足を補塡することにあったのだが、貨幣悪鋳《あくちゅう》による通貨供給の拡大は、結果的に、デフレ不況の原因である貨幣不足のボトルネックを解消した。これにより、米価が騰貴して幕府の収入が増加し、他方で貨幣価値の下落によって債務負担も実質的に軽減したのである。荻原は、期せずして、金融緩和による景気対策を実施したというわけである。

しかし、通貨供給の拡大による景気回復は、デフレ対策や財政再建策としては有効ではあったが、商品経済の発展による米の相対価格の下落は避けられず、階級格差の問題は残った。また、貨幣悪鋳による通貨の混乱という問題も起きた。

続く正徳《しょうとく》期において、この問題に対処しようとしたのが新井白石である。白石は、武士階級の困窮を救済し、通貨の混乱を収拾するため、通貨を改良し、通貨供給を収縮しようとした。ただし、白石はこれを漸進的に行おうとしたのだが、白石の後を継いだ享保期の幕閣は、この通貨の改良を急進的に行い、金融を一気に引き締めた。それだけでなく、財政も緊縮し、倹約令を発して消費需要も抑制した。これは、典型的なデフレ政策であり、その当然の結果として、経済全体が深刻な不況に陥った。さらに当時、商業取引の活性化に伴って金銀貸借関係の訴訟が急増していたのに対し、幕府は、「金銀相対済令《あいたいすましれい》」を発して、金銀貸借関係の訴訟を受理しない方針を打ち出したため、金融が著しく不円滑化し、不況は深刻化した。

これら一連の強硬的な改革の結果、米価は下落し、幕府財政はかえって悪化した。しかも、米価の下落に比べて、一般物価はさほどには下がらず、商品によっては逆に騰貴するもののあったため、武士階級の経済的没落は深刻化した。幕府の財政は、年貢の増徴によって一時的に好転したが、次第に徴収量は低下していき、また農民の反発を招く結果となった。(18)

徂徠が『政談』の中で構想したのは、この当時の経済システムがはらむ二つの大問題――物価の不安定化と階級格差の拡大――の解決策であった。物価問題にせよ、格差問題にせよ、商品経済の発達という新たな現象がもたらした危機であり、その発生のメカニズムは、当然ながら誰も理解していなかった。徂徠は、いかにして、この二つの未知なる問題と格闘したのだろうか。

†徂徠のマクロ経済政策

徂徠は、物価問題について「これに立ち入らざる時はみな当分の作略にて、何の用にも立たざる事也」［政談巻之二―一二八］と述べ、根本から考えるべきだと提案している。しかし、元禄、正徳、享保の一連の政策が明らかにしてきたように、商品経済の発達は貨幣不足によるデフレ不況を招き、貨幣悪鋳による景気回復は、インフレによる武士階級の没落をもたらす。江戸の経済システムは、ディレンマに陥っていた。これをどう解決するのか。

徂徠の提案は多岐にわたるが、簡潔に整理するなら、彼は金融緩和と需要管理のポリシー・ミックスによって、このディレンマを解消しようとしている。

まず、金融政策については、金銀相対済令の廃止による金融の円滑化を提案している［政談巻之二―一四六〜一五二］。この徂徠の診断は正しく、実際、金銀相対済令は不況の深刻化を招いたために、発令から一〇年で廃止に追い込まれている［辻一九七三―七七四〜五］。

さらに、これがより根本的に重要なのであるが、徂徠は、銅銭の供給拡大を提案するのである。金銀の価値は不安定であり、そのために貨幣の価値も安定化しない。銅は金銀に比べて価値が安定している。よって銅銭を増発して貨幣供給を増やせば、デフレ不況の原因である貨幣不足のボトルネックを解消できるというのである［政談巻之二―一三三〜一四六］。この提案は、古典的な金銀本位制度から、現代的な政府管理通貨制度への移行を意味する。すなわち、経済システムを金銀の賦存量という自然の制約から解放し、裁量的なマクロ経済運営への道を拓くものである。実際、享保年間が終わり、元文元年になると、幕府は金銀の悪鋳と並行して大量の鋳銭を行い、空前の通貨増発を行うことで不況を脱出し、これにより米価も上昇したのである［辻一九七三―七七八］。

後に見るように、徂徠は都市経済化・商品経済化に一定の歯止めをかけようとしており、またそのために、彼の経済観は封建反動的とみなされがちであるが、その見解は必ずしも適切ではない。徂徠は、例えば、「和漢古今ともに治世より乱世に移る事は、皆世の困究より出る事、歴代のしるし鏡にかけて明か也。故に国天下を治むるには、まず富豊かなるようにする事、これ治めの根本也」〔政談巻之二―八三〕と述べ、富国を重視している。また、商品作物の生産を奨励し、殖産興業を説いてもいる〔同前―一二四～六〕。

しかし、金融の円滑化と殖産興業によって国を豊かにすることができたとしても、問題は依然として残る。まず、商品経済化が進展し、米価が相対的に下落すれば、米の年貢に依存する財政は悪化する。そして、米の俸録で生活する武士階級は困窮し、没落する。この財政問題と格差問題をどう解決するのか。

財政については、幕府が必要な商品を買い上げることが問題である。そもそも、国家にとって必要な商品を、国家が買うということ自体がおかしい。「日本国中みな我が国なれば、何もかも日本国中より出る物などは我が物なるを、人の物と思いて代を出して買い調うる事、大きなる取り違い也」〔同前―九〇〕。したがって、国家は、必要な商品を現物で税として徴収すればよいのである〔同前―一一一～二〕。徂徠は、古《いにしえ》の中国や日本の制度に戻るべきだとして、これを主張しているのであるが、別の角度から見ると、徳川国家をより近代的な中央集権国家にしようとするものとも言える。

インフレによる武士階級の窮乏化については、徂徠はより根本的な解決策を提示する。それが武士の領地への土着化である。

†土着の意味

武士階級の貧困化は、商品経済の発達により、収入源の米の相対価格が下落するとともに、支出が増大したことが原因であった。そして、その商品経済の発達は、兵農分離によって、武士階級が領地から離れ、城下町に集まり、都市の消費者として生活するようになったのが主たる要因であると徂徠は診断した。そこで、徂徠は、武士を領地に土着させることを説いたのである［政談巻之一―六九〜七一］。

武士の都市住民化（徂徠はこれを「旅宿の境界」と呼ぶ）は、生活の奢侈《しゃし》化による無駄な支出の拡大と物価の高騰という弊害をもたらしている。ただし、徂徠はいたずらに質素な生活を称揚しているわけではない。華美すぎるのも質素すぎるのも良くないと述べている［政談巻之二―一〇〇〜一］。その上で、当時の武士階級の生活は、いつのまにか無駄に華美に流れているので、これを正すべきであると徂徠は論じているのである。

ここで重要なのは、徂徠の「礼」と「格」、あるいは「制度」と「風俗」の区分である。「礼」や「制度」とは、長い歴史の中で聖人たちが作為し、引き継いできた歴史や伝統の産物である。すでに述べたように、徂徠は、歴史的に形成されてきた制度を重んじ、神聖化すらしていた。

しかし、徂徠は、歴史の中で出来上がった制度をすべて容認するわけではない。その意味で、徂徠の「礼」や「道」の概念は、フリードリヒ・フォン・ハイエクが唱えた「自生的秩序（spontaneous order）」とは違う。ハイエクであれば、当時の江戸時代の商品経済化を自生的秩序として是認するであろうが、徂徠は、これを拒否する。当時の商品経済化は自然発生的な「自生的秩序」ではあるが、「格」や「風俗」といった悪しき風習であって、「礼」や「制度」といった良き伝統とは違う。「自生的秩序」を尊重するハイエクの思想は、徂徠に言わせれば、「何となく代のなり行きの儘に出来たる格というようなる物をも、よき事のように覚える事也」［同前―一〇二］ということになる。

また、ハイエク的な自由主義者は、「自生的秩序」たる市場経済の結果として生じた貧富の格差については、これを是正する必要をほとんど認めないだろう。これに対して、徂徠は、乞食や非人を悪しき「世の風俗」によって社会から疎外された犠牲者ととらえ、制度を改善し、彼らを社会が包摂すべきだと主張している［政談巻之一―五一］。しかも、「鰥《かん》寡《か》孤独の者には御扶持を下さるべき事也」と述べて、社会から疎外された貧民救済や高齢者に対する給付の必要性すら説いているのである［政談巻之四―三三五〜七］。

「格」「風俗」と、「礼」「制度」との違いは、どこにあるのであろうか。「礼」は、古代の聖人たちが長い年月をかけて形成してきたものであるが、歴史の産物がすべて「礼」であるるというわけではない。「礼」は、歴史の産物であると同時に、古今を問わない人間の本質というものをよく理解した上で巧みに造られた普遍性をもつ制度なのである〔政談巻之二―一〇〇〕。同じ歴史の産物であっても、「格」は実質を伴わない単なる形式儀礼であり、繁文縟礼《はんぶんじよくれい》に過ぎないのに対し、「礼」は秩序の安定や民の安寧を実現する実効性のある制度なのである。

この「礼」と「格」の区分は、徂徠の言語哲学における「物」と「名」の関係とも対応するものである。聖人たちは、目に見えない「物」を伝えるために、それに合わせて「名」を立て、人々に伝えた。しかし、「名」が表現できるのは広大な「物」の一側面に過ぎず、各人が独自に実践経験を積んでいかなければ「物」の正体を知ることができない。それゆえ、実践知を欠いた多くの凡人は、「名」を誤解し、「物」を誤認している。その一方で、「物」は無限に変動する「活物」であるため、「物」と「名」の乖離は、時間の経過とともに、ますます大きくなる。そこで徂徠は、古文辞学の手法によって語源に遡り、「物」と「名」の正しい対応関係を取り戻そうとしたのである。

これと同じように、本来の「礼」においては、制度の実質と形式が一致していた。しかし、時間の経過とともに、実質が忘れられ、形骸化した形式だけが伝えられる。そして、実質を失った形式である「格」を尊重する形式主義が蔓延し、社会はうまく機能しなくなる。そこで徂徠は、実質を伴った形式である「礼」を回復する改革を追求しようとする。徂徠は、古典を解釈するために開発した古文辞学と同じ手法で以て、当時の社会の問題を解釈し、解決策を得ようとしているのである。

では、なぜ、武士の土着は「礼」であると言えるのか。それは、もちろん、古代の先王の時代には、兵農が一致していたということもあるが、それだけではない。徂徠は、武士の土着化が、いかに人間性を考慮に入れた優れた制度であるかを論じ、それが「礼」であることを明らかにしようとしているのである。

武士の土着化の最大の意義は、政治的なものである。土着することによって、武士は領地に詳しくなり、現場の知識を身につける。さらに、領民と日常的にコミュニケーションをとることによって、武士は領民に対して共感の念を抱き、思いやるようになる。武士が領地から離れて生活し、領民を徴税の対象としてしか見なければ、武士は現場の実態を知らない官僚に過ぎなくなり、政治は単なる形式的な行政管理と化すであろう。しかし、武士が領地で生活し、領民とのコミュニケーションを深め、地域共同体に「はまる」ようになれば、政治は実践的なものとなり、さらに、支配者・被支配者の間に信頼関係が構築されるようになる。結果として治安も維持され、安定した秩序が実現するのである［政談巻之一―七六〜八］。

徂徠は、積極的な人材登用を説いたことからも分かるように、支配者層が被支配者層によく配慮し、上下の信頼関係を構築することを政治の要諦と考えていた。「されば上下のあいだへだたりなく、一枚になるゆえ、天地和合するごとくなる事にて、国家よく治まり、春夏に万物の生長するが如く世界ゆたかに栄ゆる也」〔政談巻之三—二〇三〕。人々の階級を越えた連帯や共感こそが、国家の安定と繁栄の源泉であると徂徠は考えていた。武士の土着化は、そのために必要だったのである。

徂徠の経済思想は、商品経済化、市場経済化、経済成長を拒否する反動的なものであったという指摘があるが〔渡辺一九九七—二三二〜六、渡辺二〇一〇—九章〕、それは必ずしも正しくはない。すでに述べたように、徂徠は、富国が国の根本であると考え、商品作物の栽培を奨励していた。また、銅銭という一種の政府管理通貨の増発や「金銀相対済令」の廃止による金融の円滑化を唱えた。さらに、三代将軍家光以来の「田畑永代売買禁止《でんぱたえいたいばいばい》」を批判し、農業目的に限った農地の自由売買を提案してもいた〔政談巻之四—三三四〜五〕。

しかし、兵農分離による武士の都市住民化は、政治を形式主義的な行政管理へと堕落させ、その形式主義が儀礼的な支出を増大させるという深刻な弊害があった。それは、武士の経済的没落を招きよせ、貧困問題も引き起こすものであり、秩序の根幹を揺るがす大問題であった。それゆえ、徂徠はこれを看過できなかったのである。

武士の土着化は、この問題を解決すると同時に、地域共同体の実態に即した地方行政を可能とし、さらに統治者と被統治者との間の階級を越えた連帯を強化し、ひいては国家の安定と経済的繁栄を可能とするものとして構想された。これは、封建反動的というよりはむしろ、国民国家への道を拓くものというべきであろう。それだからこそ、この武士の土着化の構想は、真に封建反動的であった将軍吉宗によって採用されなかったのであるし、また西洋の対外的脅威に対抗すべく国民統合を目指した水戸学によって受け継がれたのである。

第四章

会沢正志斎の自由主義

1　古学が生んだ戦略家

ようやく、再び会沢正志斎を論ずる段階に至ったようである。

正志斎の先見の明、情報分析力、戦略性、論理性については、第一章において明らかにした。本章では、その正志斎の国家戦略の根底にある政治哲学を探っていこうとするのである。

正志斎らの後期水戸学は、古学の流れを汲むものであった。そのことは、後期水戸学の尊王攘夷論が、単なる西洋の衝撃に対する感情的反発として突然現れたのではなく、古学の伝統においてすでに用意されていたという可能性を示すものである。言い換えれば、正志斎が『新論』で見せた国家戦略は、仁斎や徂徠といった第一級の思想家を擁する古学という、日本独自の洗練されたプラグマティズムによって支えられたということである。そのことは、同時に、尊王攘夷というナショナリズムに、プラグマティズムという哲学的根拠があったということも示唆することになるだろう。

なお、後期水戸学は、まさにそのプラグマティックな性格ゆえなのではあるが、古学だけではなく、国学や神道、兵学、管子さらには蘭学など、様々な学問分野や学派の影響を受けている。特に、後期水戸学の尊王攘夷思想には、国学との関連性が指摘されている。しかし、ここであえて古学に焦点を当てるのは、正志斎が古学の影響を強く受けているからである。

水戸学研究者である吉田俊純《としずみ》は、国学の影響を強く受けているのは正志斎よりもむしろ、藤田東湖であると指摘している〔吉田二〇〇三〕。しかも、正志斎は、この後、見ていくように、古学的な「活物」観から本居宣長《もとおりのりなが》の国学を厳しく批判すらしているのである。こうしたことから、正志斎の思想に着目する本書では、国学よりも古学の流れを追っていくこととしたい。

本章では、まず、これまで議論してきた仁斎と徂徠の思想を思い出しながら、正志斎の議論の中に、古学の要素を見いだしていこうとする。仁斎は仁愛を強調した温和な思想家であるのに対し、正志斎は過激な尊王攘夷論者であり、この両者はまったく相容れないように思われるかもしれない。しかし、正志斎は、その内政論においては、仁斎と同じように愛を説いていたのである。また、正志斎は、徂徠からは、伝統としての「道」の概念や、制度としての「礼」による統治、そして聖的なものによる社会統合といった社会思想を継承している。

こうして正志斎の思想が仁斎・徂徠の古学プラグマティズムを基礎にしたものであることを確認した上で、次に、その古学プラグマティズムが、対外的脅威の接近という国難に対処しようとして、尊王攘夷論というナショナリズムへと変貌していったことを明らかにしていく。

正志斎は、聖的権威である天皇の下に国民全体を統合し、その統合によって発生するナショナリズムのエネルギーをもってして、防衛力の強化と内政改革の原動力とすることを構想した。それだけではなく、正志斎は、ナショナリズムのエネルギーが過激化し、自己破壊的になるという危険性にも気づいていたのである。正志斎を読むということは、ナショナリズムの本質を理解するということにもなるだろう。

2　古学と水戸学

†正志斎の愛の思想

まず、仁斎に対する正志斎の評価を見てみよう。

伊藤仁斎は徳を尚《たっと》び行を修め、当代の儒宗たり。首《はじ》め古学を発明し、後人の説と聖径とに同異あるを弁ず。而して拡充・長養の旨、日用常行の義を論ずること、極《き》はめて詳明なり。然れども道を見ること平坦に過ぎ、礼楽、政刑運用の妙と、陰陽・鬼神、造化の蘊《うん》とに至りては、則ち未だ其の義を得ず。［下学邇言《かがくじげん》巻之二―三〇四］

正志斎は、仁斎の拡充説や、日常の経験世界を重視するプラグマティズムを高く評価する一方、制度論や宗教論に不満を漏らしている。後に見るように、正志斎は後者の制度論に関しては徂徠から多くを引き継いでいるのであるが、前者の道徳論や日常性の哲学についてはおおむね認めている。特に、孟子の影響を受けた拡充説については、徂徠はこれを厳しく批判したが、正志斎は是認しているのである。その意味で、正志斎の思想は徂徠よりも仁斎に近く、実際、『下学邇言』は、仁斎の言葉を何度も引用している。

仁斎は、世界は動態的な「活物」であるとして、朱子学の合理主義がもつ静的性格を批判したが、正志斎も『下学邇言』において「伊藤氏　古学を唱へ、天地を以て活物となす」［同前―三二〇］と仁斎に言及しつつ、「夫《そ》れ人は活物なり。仁義の性情の活動する者なり」［下学邇言巻之一―二三二］と言う。『新論』においても「謂《おも》ふに、天地は活物にして、人も亦、活物なり。活物を以て活物の間に行ふ」［新論下―一八七］と述べ、その国家戦略の根底に、仁斎が示した「生の哲学」の動態的世界観を据えている。

興味深いのは、正志斎が蘭学の合理主義を、朱子学に共通するものとして批判していることである。蘭学は、世界情勢を語り、また火器や戦艦の利便性を説くが、そういった点は国家にとって有益であると正志斎は認めている。正志斎は、西洋の学問をすべて否定するのではなく、その情報と技術については、むしろ積極的に吸収しようとするのである。ただ、問題は、その合理主義である。蘭学の合理主義は、世界を活物ではなく死物とみなし、理を窮めようとする結果、人間の理性では知ることのできない領域があることを認めようとせず、ついには神を否定するに至るであろう、と正志斎は言うのである［下学邇言巻之一―一二三三、迪彝篇《てきいへん》―三五〇］。正志斎は、蘭学の精神が西洋のものだから拒否しているのではなく、その合理主義を社会に適用することを拒否しているのである。

朱子学の合理主義を批判した仁斎の思想を「生の哲学」と呼ぶことができるのであれば、それは正志斎についても同じであろう。「道は生民の由る所にして、固より宜しく生道を以て道となし、死道を以て道となすべからず」［下学邇言巻之一―二一〇］。正志斎が求めるのは「生の哲学」であり、実学である。仏教や老荘思想の観念論は、空理空論であり、虚学である。「夫《そ》れ天地の大徳を生と曰ふ。……生民の道は、生のみ、実のみ、有のみ。決して死を空と無とを以て道となすの理なし」〔同前─二二四〕。

人間の生を直視すると、君臣、親子、夫婦、長幼、朋友といった関係がその中心にあることが分かる。人間は、他者と交流し、信頼関係を結ぶ社会的・関係的な存在なのである〔同前─二一七〕だから、道徳の最も重要な概念である「仁」の字は、二人の人と書くのだ〔同前─二四六〕。人と人との間柄こそが重要であるということを、「仁」の語源が示しているのである。

ただし、正志斎は、「仁」を厳密に定義しようとはしないし、すべきでもないと考えている。道徳とは、理論というよりはむしろ実践の問題だからだ。「夫れ孔子の仁を言ふや、皆示すに仁を為すの方を以てして、仁の字義を説かず」〔同前─二四九〕。仁の意味を理解するためには、その定義（what）を論理的に追究するのではなく、孔子の示す仁の具体的な実行の仕方（how）を見よ、というのである。これも仁斎が説いたところであるのは、第二章において見た通りである。

正志斎は、仁斎の思想が本質的に政治論であると正確に理解していた。「伊藤仁斎曰く、聖人は天下の上より道を見る。仏老は一身の上より道を求むと」〔同前─二二〇〕。では、聖人の仁政とは、具体的にはどういうことか。「仁とは己を推して人に及ぼし、人を視ること己を視るが如くす」〔下学邇言巻之二─二七一〕。すなわち、仁政とは、為政者が民に共感し、仁斎の言ったように「民と好悪を同じゅうする」ような政治を行うことである。そして仁斎は、その民の意向に沿った政治の効果は、「民志奮起し、士気雄壮、南宋の脆弱と雖ども、以て北韃の勁兵を撻たしむべし」という防衛力の増強であると述べたが、それこそが『新論』の戦略の主眼に他ならない。正志斎は、外敵に対抗するためには「民志を一にするに足れり」とした上で、国民の団結力を長期にわたって保持するためには、民心をつかむ政治が必要であると説くのである。「故に曰く、善政は民、之を畏れ、善教は民、之を愛すと。之を畏るるは一時の威にして、之を愛するは永世の固なり。故に又曰く、善教は民心を得るなりと」〔新論下―一五五〕。

仁斎は、孟子に従って、仁の主観的側面に着目して、仁とは愛であると説いた。正志斎もまた、「見るべし、仁義の愛敬に出づることを。而して愛敬も亦、以て仁義の実を見るべきなり」〔下学邇言巻之一―二四〇〕と言う。もし仁斎が愛の思想家であるというのであれば、正志斎もまた、同じ程度に愛の思想家なのである。ただ、泰平の世の始まりを生きた仁斎とは違い、正志斎は迫りくる西洋列強の脅威を感じていた。したがって、同じ愛の政治思想を掲げながら、仁斎の関心はもっぱら「民と好悪を同じゅうする」内政に向いていたのに対し、正志斎は「民志奮起し、士気雄壮、南宋の脆弱と雖ども、以て北韃の勁兵を撻たしむべし」という対外政策の側面を前面に押し出すこととなった。仁斎と正志斎を分かつものは、その生きた時代の違いである。

泰平の世における柔和な「愛の思想」は、ひとたび時勢が変じ、乱世となれば、剛毅な攘夷論へと変貌する。仁斎の古学はまさに「活物」なのである。

†自然か作為か

仁斎は世界を「一大活物」とみなし、その「生生化化」の運動を指して「天地の間は、一元気のみ」と唱えた。正志斎も次のように述べている。「天地は活物なれば、陰陽の消長を以て万物を化生し、変動周流《へんどうしゅうりゅう》して測るべからず。故に天の神道と云ふ。是れ天地の心性なり。人は天地の気を受けて、其の心性も天地の心性と同じ」［迪彝篇―三四九］。

丸山眞男は、自然世界も社会世界も同一の原理で動くと考える思考様式が解体され、「自然」と「作為」とに分離されることを近代思想の端緒とみなし、徂徠をそれを行った人物として評価した。このような見方からすれば、自然も人間も「気」の支配を受けているとする正志斎の世界観は、徂徠がせっかく拓こうとした近代への流れに逆行する反動思想ということになろう。実際、正志斎は、徂徠について、仁斎が欠いていた制度論や、実践的な情勢分析あるいは政策を論じたことを高く評価しつつも、先王の道を聖人の「作為」によるものとしたことを非難しているのである［下学邇言巻之二―三〇四］。

しかし、前章において確認したように、徂徠は確かに「先王の道」を作為されたものだとしたが、それはあくまで数千年にもわたる聖人たちの作為の歴史の産物なのであり、言わば「伝統」のことなのである。他方、正志斎は、「道」について次のように述べている。「大道は道路の如し。人の往来すべき所には、何人の教ふるともなく、自然に一条の道を踏み分け、便道にして往来繁ければ、自然に大道となる。人道もこれに同じ。億兆の人、皆、履《ふ》み行ふべき道なる故に、自然に一条の大道備はる也」〔迪彝篇─三五四〕。正志斎もまた、「道」を、長い歴史の中で無数の人々によって作られてきた慣習あるいは伝統であると考えているのである。

正志斎が「道」を「自然」と言うとき、それは、人間が逆らうことのできない自然の法則のことを意味しているのではない。「道」とは、特定の主体が理性によって設計したのではなく、長い歴史の中で発生した伝統であり、しかも伝統は日常生活の中に生きている。そうした伝統の姿を指して「自然」と呼んでいるのである。ただ、伝統は、動物的本能のように確実に備わっているものではない。愚かな人間は、伝統の意義を見失いがちである。そこで聖人が人々を教化し、伝統の叡智をあたかも本能のように身に着けさせようとして打ち立てたのが「道」なのである〔読直毘霊《なおびのみたまをよむ》─四一一～二〕。

天地は活物であり、自然界の生命体のように、盛衰を免れえないのは事実である。「先王の道」は時間とともに廃れ、社会も国も衰亡する。しかし、それらは必ずしも回避できないものではない。豪傑が現れて奮起し、国が衰退するより前にしかるべき行動を起こせば、衰退の流れを止め、反転させることができる〔新論上―三〕。主体の意志と作為によって社会を改善する余地はあるのである。それゆえ、正志斎は、国難に際して『新論』を著し、具体的な政策や制度改革を提言するとともに、日本人に奮起を促したのだ。

しかも正志斎は、『新論』において祭政一致を説き、民心を一つにまとめる儀式として、特に大嘗祭《だいじょうさい》を重視したが〔新論上―七〜九〕、祭政一致や礼楽の重視は徂徠が強調したところである。徂徠は「礼」すなわち制度を通じて民を社会化することを提唱したが、正志斎もまた、国防体制の確立という「不抜の業」を実現するに当たっては、「今、之を施行せんと欲せば、宜しく民をして之によらしむべくして、之を知らしむべからず。若し夫れ民をして之によらしむる所以の者を論ぜば、則ち曰く、礼のみと」〔新論下―一七〇〕と述べ、制度を通じた社会化の重要性を説いている。

念のため、再び確認しておくと、「由らしむべし。知らしむべからず」は、愚民観に立った封建的エリート主義の表現ではない。それどころか、次節において見るように、正志斎は、愚民化政策は国防体制を確立する上では障害であるとすら主張するのだ。

また、徂徠は、実効的な制度としての「礼」が、時を経るにつれて形式主義的な「格」

へと堕落すると考えていたが、それは正志斎もまったく同じであった。正志斎の場合は、「質より文に遷る」［読直毘霊—四二一］と表現するが、「質」と「文」は、それぞれ徂徠の「礼」と「格」に対応している。

すでに正志斎の師である藤田幽谷《ゆうこく》の代表作「正名論《せいめいろん》」には、「名」という純然たる制度を正すことによって、政治の実質を改革するという徂徠学の考え方が色濃く反映されている［尾藤一九七四—五七二〜三］。さらに幽谷は、「後世の儒者は、徒《いたず》らに道徳仁義を談じて、功利を言ふを諱《い》み、富国強兵は、黜《しりぞ》けて覇術となす」［丁巳《ていし》封事《ふうじ》—二七］と断じ、王道と覇道のアプリオリな区別を否定して「術」による実践を重視する徂徠的な実践哲学によって、富国強兵の政策を理論武装するのである。

世界は動態的な「活物」であり、制度は不変ではあり得ない。仁斎が提唱し、徂徠が継承したこの動態的な世界観を、後期水戸学は引き継いでいる。それゆえ、正志斎は、古代の神によって創始された道は永遠不滅だとする本居宣長の国学を「天下を死物として、千年万年も質のみにて治めらるると思ふは紙上の空論」［読直毘霊—四二一］と厳しく批判するのである。正志斎の宣長理解が正しいか否かは、ここでは問わない。むしろ重要なのは、国学同様、水戸学も「道」を聖化する復古思想でありながら、水戸学の場合は「道」を不変・不滅のものとはみなしてはいないということである。

だからこそ、「道」を守り、あるいは復活させるために、臨機応変かつ積極的に行動する政治が要請される。古代の制度をそのまま復活させるのではなく、制度の趣旨を維持しつつ時代に応じて改変する柔軟性も求められる。そうすると、制度を時代に応じて適宜適切に改変し運用できる人材の存在が不可欠となる。「凡そ聖賢の法は、其の意は美と雖も、古今宜しきを異にす。其の跡に必ずしも泥《なづ》むべからず。其の意は即ち以て師法とせざるべからず。斟酌損益して、之を活用するは其の人にあり。他は皆之に倣へ」〔下学邇言巻之二―二七四〕。これは、前章で見た徂徠の「礼」と「義」の議論に対応している。それゆえ、正志斎も、徂徠同様、人材の短所を責めず、長所をうまく活用する人材登用術の重要性を説くのである〔同前―二九三〜四〕。

徂徠と正志斎の共通点は他にもある。徂徠は「惣して学問ハ飛耳長目之道」であり、「見聞広く事実に行わたり候を学問と申事ニ候故、学問ハ歴史に極まり候事ニ候」〔答問書上―一七九〕と述べたが、正志斎の『新論』は、まさに徂徠の言う意味における「学問」であったと言えるだろう。なぜなら、『新論』は、日本の歴史を描きながら「国体」を明らかにしていたし、世界情勢の詳細な分析は、川路聖謨が驚嘆するほど「見聞広く事実に行わた」ったものだったからである。

こうしてみると、徂徠と正志斎の思想の間には、ほとんど隔たりがないのではないか。

正志斎は確かに徂徠を批判したが、彼は、丸山眞男と同じように、徂徠が「先王の道」を特定の一主体が設計し建造できると言っているのだと誤解したのである。

†ナショナリズム

仁斎は、皇統が連綿と続いて途絶えていないことを以て日本の国柄の優越性を誇ったが、このナショナリズムは、正志斎において一元気論と結びついて頂点に達する。それが有名な、というよりは悪名高い『新論』の冒頭の表現である。

謹んで按《あん》ずるに、神州は太陽の出づる所、元気の始まる所にして、天日《あまつひ》の嗣《つぎ》、世々《よよ》宸極《しんきょく》を御し、終古易《かは》らず、固《まこと》に大地の元首にして万国の綱紀なり。誠に宜しく、宇内《うだい》を照臨《しょうりん》し、皇化の曁《およ》ぶ所、遠邇《えんじ》有る無かるべし。今、西荒蛮夷《せいかうばんい》は脛足《けいそく》の賤を以て、四海に奔走し、諸国を蹂躙し、眇視《べうし》跛履《はり》、敢て上国《じょうこく》を凌駕せんと欲す。何ぞそれ驕れるや。［新論上―一二］

日本は太陽が昇る神州であり、「気」を発する世界の中心であり、世界を統率すべき元首となるべき国家である。日本が世界の「首」ならば、西洋諸国は股に当たる野蛮な国々に過ぎない。このような主張は、今日からすれば荒唐無稽であり、夜郎自大であり、到底受け入れがたいであろうことは言うまでもない。だが、ここに、戦後の研究者が躓きがちな石がある。

例えば、星山京子は、正志斎が国際情勢に精通し、西洋の学術知識の摂取にも熱心に取り組んでいたことを指摘しつつ、「こうした合理的思考を持ち合わせていながら、自国内でしか到底通用し得ない日本＝「神州」観念を世界にまで及ぼそうという、非合理かつ狂信的思考に自ら陥っているのである」と指摘し、「ここに後期水戸学が抱える一つの矛盾が看取されよう」［星山二〇〇八―六四］と述べている。

だが、果たしてそう言い切れるであろうか。

まず、「意味を理解するためには、血脈を読め」という仁斎の教えに従うならば、『新論』が書かれた当時の時代背景という血脈を考慮にいれてもよいのではないか。すなわち、『新論』は、対外的危機が迫っているにもかかわらず、泰平の世に慣れきってうつつを抜かしている当時の指導者層を覚醒させ、国内の士気を鼓舞するための政治文書としての側面が強かったのである。そのような政治文書が、アジテーションのために誇張された表現を用いるのは、非合理とは言えないだろう。むしろ、合目的的である。さらに、現実の危機の深刻さと、その認識の甘さのギャップが大きければ大きいほど、アジテーションの表現が激烈で誇大なものとなるのも、おかしいことではない。実際、『新論』の誇大な表現は大いに効を奏し、幕末の志士たちを動員し、歴史を動かすことに成功したのである。

また、自分の国を最も尊重するというナショナリスティックな感情は、程度の差こそあれ、どの国にも見られる現象である。しかも、より決定的に重要なのは、正志斎がそのことを認識していたということである。「国々みな其の内を貴びて、外を賤しとする事同き理なれば、互に己が国を尊び、他国を夷蛮戎狄《いばんじゅうてき》とする事、是れ亦定まれる習也」〔迪彝篇一三三五〜六〕。

正志斎が日本を神州だと信じ、自国の優越を信じていたのは間違いがないが、他方で、彼はそうした自国の優越を感じる心情は他の国にもあるとして、自らの信念を相対化してもいたのである。それができるナショナリズムは「非合理的かつ狂信的思考」ではない。

正志斎は、社会を統合するためには「聖なるもの」が必要であり、政治と宗教とは不可分であると考えていた。この政治における聖的権威の役割について仁斎の考察は不十分であると正志斎は考えていたが、この祭政一致の政治理論に関しては、確かに仁斎的というよりも徂徠的である。

宗教的儀礼は、徂徠の用語を用いれば、民を「化する」ことで、同じ目的のために協力する集団行動を可能にする。国民全体の一致団結した集団行動から、強大なエネルギーが生み出される。それが「気」である［新論上―一三〜四］。聖的権威を用いて生み出された国民の凝集力である「気」をもって、西洋列強に対抗する防衛力の強化と、国内の一大制度改革を可能にする原動力となす。正志斎は、狂信的にではなく実践的に思考して、そういう戦略を組み立てていたのである。

より重要なことがある。徂徠は、人々を統合し、動員する効果をもつものとして聖的権威を論じていたが、正志斎はこの議論をさらに進めて、人々の方から能動的・主体的に国全体のために行動するようになることを狙っていた。言わば「国民《ネイション》」の創出である。聖的権威や聖性を帯びた制度によって人々を「国民」という主体に「化する」のである。

一憂一楽も必ず天下と之を同じうせしめば、庶《こひねがは》くば以て天下を鼓動するに足らん。政令刑禁と典礼教化とを並陳兼施《へいちんけんし》し、而して民を軌物に納れ、正気に乗じて正道を行ふ。皇極は既に立ち、民心主あり。民の欲するところは、則ち天の従ふところにして、民は従ひ、天は従ふ。［新論下―一八五］

ナショナルな権威を受け入れることで、人々が主体性を獲得するというのは、一見、矛盾するように見えるかもしれない。一般に、個人の主体性とは、権威に従属することなく、自らの意志によって自由に選択できることを指して言われるからだ。

だが、「国民意識」とは、ある国に生まれ落ちたという逃れ難い運命として感じられるものである一方で、まるでその運命を自ら進んで受け入れたかのようにも感じられるという、複雑な性格を有する主観なのである。この点について、政治哲学者マーガレット・カノヴァンは、ネイションとは「主観的な同一化がなければ存在しえないものであり、したがって、ある程度は個人の自由選択に依存する面がある。にもかかわらず、その選択は、個人を超越した運命として体験されるのである」［Canovan 1998: 69］と指摘している。正志斎が理想とする「民の欲するところ、則ち天の従ふところ」という意識こそが、国民意識なのである。

自国のこれからの運命は、そこに生まれる運命にあった自分たちの手で決めていきたい。そのような意識をもつ「国民」を創出し、人々の主体性を引き出し、もって対外的脅威に対抗する力となす。『新論』は、国民国家の建設までも視野に入れていたのである。

3 国内改革

†邪説の害

正志斎が対外的脅威の接近に危機感を覚えて『新論』を著し、攘夷を主張したことは間違いない。ただし、正志斎は、当時の日本が直面する危機の根本的な原因を、西洋列強という外的なものだけではなく、むしろ国内にこそ求めるべきであると考え、国内の制度と精神の改革を唱えるのである。正志斎の攘夷論は、一般に考えられているような、ナルシシスティックな愛国心から来る排外主義などではなく、むしろ自国に対する厳しい批判と反省の上に成り立っていた。

正志斎は、危機の根本原因として「時勢の変」と「邪説の害」の二つを特定する〔新論上―二二〕。「時勢の変」とは、実質を伴った制度が、時代の変化とともに形骸化していくことであり、それに伴って人々の精神も弛緩し、堕落していくことである。これは、「礼」から「格」への形式主義化という、徂徠の歴史観・社会観そのものである。したがって、この「時勢の変」に対する正志斎の処方箋もまた極めて徂徠的なのであるが、そのことを論ずる前に「時勢の変」と並ぶ問題である「邪説の害」について見ておこう。

「邪説の害」とは、主としては、キリスト教を指している。西欧諸国がキリスト教の布教を侵略の先兵とすることを警戒している。だが、「邪説の害」はキリスト教だけではない。

正志斎は、政治や道徳の実践から乖離した机上の空論をもてあそぶ知識人の堕落も問題視しているのである。

例えば、独善的で無責任な議論を垂れ流し、新しさや博識を争って売名を狙うような知識人がいる。明や清のような超大国を世界の中心であると憧れ、自国を卑下する者がいる。流行や時勢に乗じて世を乱そうと企む者がいる。あるいは、些細な事を大げさにあげつらって、金銭的利益ばかりを論じることを「経済の学」と称する者がいる。あるいは、奇麗事や高尚めかした議論を展開してみせるが、国家が直面している危機から目を逸らしている偽善者もいる［新論上─三四〜五］。

こうした（今日でも後を絶たない）曲学阿世の徒が、国民の心を乱し、外国に付け入る隙を与える。イデオロギーによって思想や精神が乱され、国民が自分で考えることができなくなれば、せっかく富国強兵に努めても、その富や兵をみすみす外国に奪われることとなる。

国にして体なきときは、何を以て国たらんや。而して論者は方《まさ》に言ふ。国を富まし兵を強うするは辺を守るの要務なり。今、虜《りよ》は民心の主なきに乗じて陰《ひそ》かに辺民を誘ひ、暗に之が心を移す。民心にして一たび移らば、則ち未だ戦はずして、天下既に夷《い》虜《りょ》の有とならん。所謂富強は、既に我が有にあらず、而して適々《たまたま》以て賊に兵を借《か》し、盗に糧を齎《もたら》すに足るのみ。心を労し、慮を竭《つく》し、其の国を富強にして、一旦、挙げて以て寇賊《こうぞく》に資《し》す。亦惜しむべきなり。［新論上―三七］

国民が思想や精神の主体性、すなわち「国民意識」を失い、国家がその体をなさなくなれば、その国は自国の富や兵を自ら進んで外国に差し出すようになり、戦わずして敗れ去る。正志斎は、国防をイデオロギーのレベルまで含めて考えていた。国防を巡る危機意識は、イデオロギーに対する警戒感を高める。いや、むしろ、思想戦における勝利こそが、国防において最重要課題である。

こうしたことから、水戸学は、イデオロギーに対して不寛容な態度をとらざるをえなくなる。それゆえ、後世から、排外主義的と評価されがちなのである。例えば、前田勉は、徂徠と正志斎とを比較して、徂徠が「諸子百家九流の言より、以て仏・老の頗《は》に及ぶまで、みな道の裂のみ。また人情に由りて出でざることあることなし。故に至言あり」［学則―一九五］と述べて、仏教や老荘思想に対しても寛容な姿勢を示していたのに対し、正志斎には徂徠にあったような寛容は失われていると評している［前田一九九六―三七八～九］。

しかし、正志斎が『下学邇言』において徂徠と同じくらいにリベラルな姿勢を示していることを、前田は見落としている。

天地は覆幬持載《ふくちゆうじさい》せ(19)ざるなし。故に聖人の道を学ぶものも亦、当に善を好みて不能を矜《あはれ》み、誨《おし》ふべき者は之を誨へ、容るべき者は之を容れ、異端老仏の説の如しと雖《いへど》も、苟《いやしく》も身に八虐《はちぎやく》を犯すに至らずんば、則ち置いて問はず、徐《おもむ》ろに其の人を人とするの地をなすべきを可とするなり。〔下学邇言巻之二―三二〇～一〕

経世実用を重んじる水戸学は、既存の学派・宗派にとらわれずに、採用すべきものは積極的に採り入れるというプラグマティックな姿勢をとっていた。すでに述べたように、仁斎学や徂徠学の継承のみならず、国学や神道の神国観念、兵学、管子、さらには蘭学の科学技術や国際情勢の知識まで導入しようとしている。このプラグマティズムは、深刻な危機感から発生したものであるが、他方で、この同じ危機感は、自国の国体の正統性に対する意識を強烈なものとする。植手通有《うえてみちあり》が指摘するように、水戸学のイデオロギーにおける排他性は、多様な思想を柔軟に採り込むプラグマティズムと表裏の関係にあるのである〔植手一九七四―一六～七〕。

正志斎は、「苟も身に八虐を犯すに至ずんば」、儒教以外の思想であっても容認するのである。彼が排斥するのは、あくまで国家を混乱に陥れるような危険な思想に限られる。もちろん、その論理は、治安維持を口実にした言論弾圧に悪用される危険性はある。しかし、思想や信教の自由を最大限尊重する現代においてすらも、例えば国家を破壊するテロを実行するようなカルト教団に対しては、寛容ではいられないのである。まして、当時の対外的危機の切迫度などを考慮に入れるならば、正志斎の思想を排他的・排外主義的と断ずることは、いささか公平性を欠いてはいないだろうか。

†武士土着論

『新論』は、対外的脅威の接近に対処するために書かれたものである以上、その内容の大半は、言うまでもなく軍事に関する事項である。

　正志斎は、日本の歴史における兵制の変遷を次のようにふりかえる。

神武天皇、崇神《すじん》天皇、天智《てんじ》天皇の御代には、朝廷が土地と人民の支配権を掌握しており、「夫れ兵は地着にして、天皇は命を天に受く。是れ、天・地・人の合して一となるなり」［新論上―四三］という体制が実現していた。このとき、国民は心を一つにして団結していたのであり、正志斎はこれを理想とする。ところが、その後、国論が分裂し、天の命を受けない兵も生じるようになった。さらに鎌倉・室町の時代になると、将軍が兵馬の権を握り、兵は武将の私兵となったが、兵は土着していたがために、その強さを失わなかった。しかし、戦国時代を経た後は、武士は都市部に集住し、地方に帰らなくなった。徳川家康の時には、節義によって武士を練磨していたので兵は強かったが、今では、兵農が分離し、武士が都市に集住した弊害が顕著になり、武士は柔弱となってしまっている。こうした中で、外敵が我が国をうかがうようになっている。今こそ、兵制を改革し、武士を土着させ、防衛力を強化すべき時が到来したのである［新論上―四二～五五］。

前章で見たように、武士の土着は、徂徠も説いたところである。徂徠の場合、その武士土着論は、武士を窮乏化させるインフレの抑制と、武士と領民の信頼関係の構築という、もっぱら国内の政治経済秩序の安定に狙いがあった。

正志斎も、徂徠と同様に、武士の都市への集住がもたらすインフレと武士階級の経済的没落の問題を考慮に入れており、商品と貨幣価値の関係について論じてはいる［新論上―五五～六七］。しかし、正志斎の武士土着論の主眼は、防衛力の強化により力点が置かれていた。特に、最も急を要するのは海防であることから、海岸への土着を提唱した。具体的には、海岸は要衝の地であるが土地が痩せていて利益が少ないため、こうした海岸の土地を兵卒に与えて、税の減免や農具の供与などの促進策を講じる。さらに、土着の民で兵卒に応募する者に対しては免税するという民兵制度の導入までも打ち出しているのである

〔新論上―一一五〜六〕。

正志斎は、兵農分離について、平時における国内統治としては悪くないが、対外的危機という事態には対応できないとして、幕府を批判する。「民を愚にし、兵を弱にするは、治をなすの奇策たりと雖も、利の在る所には弊も亦之に随ふ」〔新論上―五〇〕。国内統治だけを考えるのであれば、確かに民を愚民化しておく方が統治は容易かもしれない。しかし、外敵から国を守るためには、民が国民意識に目覚め、国防を国民自らの問題として主体的に考えるようになり、積極的に国防に参加するようでなければならない。したがって、兵農一致によって国民意識の覚醒をもたらし、もって防衛力を強化すべきであると正志斎は論じている。しかも、歴史上の兵制の変遷を回顧し、天皇の下に兵農が一致し、かつ国民皆兵であった古代への回帰を唱えている。これは、少なくとも論理的には、幕藩体制の否定につながりかねない思想である。

さらに驚くべきことに、正志斎は、国民意識の覚醒が軍事力を強化する実例として、仮想敵であるはずの西洋諸国を引いている。すなわち、「今、虜は犬羊の性、ともに長短を較ぶるに足らずと雖も」と断りを入れつつも、「各国に戦争し、民は兵に習ふ。未だ侮りて以て弱となすべからず。妖教を用ひ、以て其の民を誘《いざな》ふ。民心は皆一にして、以て戦ふに足れり」〔新論上―五〇〕と述べ、西洋諸国の国民皆兵と国民意識の創出（「民心は皆一」）

が、その軍事力を強大なものとしていると論じているのである〔植手一九七四―二九〕。ここまで来れば、近代的な国民皆兵制度の導入と国民国家の建設まで、あと一歩であろう。

このように正志斎の武士土着論は、極めて近代的かつ革新的な性格をもつものであったがゆえに、その実現は水戸藩においても容易ではなかった。藩主徳川斉昭は、藩政改革において強力な指導力を発揮したが、それでも武士の土着は紆余曲折を経ざるをえなかった。特に、都市における商品経済に慣れきっていた一般の武士たちの多くが土着に難色を示したために、商品経済を抑制して武士を経済的困窮から救済するという目的は達成されなかった。

とはいえ、結果的には、領内沿岸地域に家老級の上級武士を土着させることには成功し、海岸防備体制は強化された。さらに、藩内の豪農層を対象に農兵が組織され、農民の教育のために郷校が設立された。一般武士の土着という当初の計画は放棄されたが、その代わりに農民有志を教育し、民兵化し、半ば武士化する政策がとられたのである〔仲田一九七二〕。これによって、防衛力は一層向上することとなった。兵農を一致させ、民衆の参加のエネルギーを汲み取って国防に充当するという正志斎の思想は、豪農層をはじめとする農民有志を民兵として組織化するという形で実現に移されたのである。

吉田俊純は、この水戸学の思想が吉田松陰に大きな影響を与え、後の奇兵隊諸隊の成立につながったという可能性を指摘している。吉田松陰は、水戸を訪れて正志斎らに会い、絶大な影響を受けたが、それだけではなく、藩内を回って、水戸学の尊王攘夷思想が農村にまでしっかりと根付いているのをつぶさに観察した。この経験が、民衆のエネルギーを糾合して危機に処するという、松陰の「草莽崛起論《そうもうくっき》」へとつながり、高杉晋作ら松陰門下による奇兵隊諸隊の結成へと結実したのではないかと吉田は論じている〔吉田一九七五〕。

言うまでもなく、奇兵隊諸隊を結成し、民衆参加のエネルギーを活用した長州藩は、第二次長州征伐において、幕府軍をさんざんに打ち破った。幕府の兵農分離を批判した正志斎の思想は、長州藩に受け継がれ、皮肉にも水戸藩が守ろうとした幕藩体制を破壊することで、その正しさを証明することになったのである。

4 水戸学の悲劇

†正志斎の保守性

後期水戸学の思想は、実は、封建反動どころか、極めてリベラルな側面をもっていた。

儒学内の学派のみならず、国学や蘭学など異分野に対する寛容さはすでに述べた通りであるが、それに加えて、水戸学の唱えた統治機構の改革案は「言路洞開《げんろどうかい》」と「人材抜擢」を掲げるものであったのである〔植手一九七四―二八～九〕。

例えば、藤田幽谷は、藩主徳川治保《はるもり》にあてて書かれた建白書『丁巳封事《ていしふうじ》』において、「苟しくも有為の志あらば、すなはち速《すみ》やかに己を罪するの令を下して、以て士民の心を収め、直言の路を開きて、以て上下の情を通じ、大臣《だいしん》を励し、衆思を集め、忠益を尽し、有司を先にし、小過を赦《ゆる》し、賢才を挙げ」〔丁巳封事―四五〕といった調子で極めてリベラルな意見を述べたために、謹慎処分を受けている。正志斎も人材登用を重視したのはすでに指摘した通りであるが、何より、後期水戸学を主導した藤田幽谷・東湖父子や正志斎自身が、中下級武士の身分の出自であったのである。

とりわけ正志斎に至っては、驚くべきことに、「一国ヲ安ゼントスルモノハ、一国ノタメニハ死ヲ以テ其君ヲ諫《いさむ》ベシ。天下ノ民ヲ安ゼントスルモノハ、其君ヲ諫《いさめ》テ不レ聴《きかざる》トキハ他国ニ往テ道ヲ行フベシ」〔人臣去就説―三五八〕と述べ、日本全体のために尽くすのに必要ならば、暗愚な藩主を捨てて他藩の明君を選ぶ自由まで認めているのである。

とはいえ、後期水戸学の尊王論及び国政改革案は、あくまで幕藩体制の堅持を前提としていたことは疑いの余地がない。幽谷は「この故に幕府、皇室を尊べば、すなはち諸侯、幕府を崇《たっと》び、諸侯、幕府を崇べば、すなはち卿・大夫、諸侯を敬す。夫《そ》れ然る後に上下相保ち、万邦協和す」〔正名論―一三〕と構想していたし、正志斎も「幕府は天朝を佐《たす》けて天下を統御せらる」〔迪彝篇―三五八〕と考えていたのである。彼らが目指したのは、朝廷―幕府―諸藩によって構成される公武合体の統一国家であった。彼の尊王思想は、幕藩体制の補強という目的のための手段であり、倒幕を指導する理念にはなりえなかった。

すでに述べたように、後期水戸学の武士土着論や農兵論は、ナショナリズムを覚醒させ、幕藩体制を破壊して中央集権的な国民国家の建設へと一挙に向かう契機となりかねないものであった。しかも、水戸学の指導者たち自身が、そのことに気づいていたようである。

ケイト・ワイルドマン・ナカイは、熊沢蕃山、荻生徂徠から水戸学へとつながる武士土着論の変遷をたどり、徂徠と藤田東湖の議論の相違に着目している。彼女によれば、徂徠が武士を土着させることで戦闘力を強化できると論じたのに対し、東湖は徂徠を批判し、土着武士団が独自の戦闘力をもって自立し、領主に対して反旗を翻すことを警戒しているのである。しかし、他方で、対外的脅威の接近は、軍事力の強化を強く要請していた。水戸藩の指導者たちは、武士の独立心の回復による軍事力の強化と、幕藩体制の破壊の可能性の間で板挟みになってしまったのである〔ナカイ一九九四〕。

水戸藩における武士土着が紆余曲折を経た理由の一つは、防衛力の強化に用いるために引き出した民衆のエネルギーが、水戸藩の自己破壊につながるのではないかという懸念にあったと思われる。丸山眞男は「新論を含めて後期水戸学の攘夷論は、広く国民と共に対外防衛に当らうとする近代的国民主義とはむしろ逆に、動《やや》もすれば「民ノ或ハ動カンコトヲ恐」れたのではなかつたか」〔丸山一九五二―三五二〕と指摘しているが、その通りであろう。

実際、一八五三年のペリー来航を契機に、国論が沸騰すると、かねてより尊王攘夷を掲げていた後期水戸学派に注目と期待が集中したのだが、正志斎は、朝廷及び幕府に対する統一的な忠誠の理念を掲げ、幕藩体制を越えようとはしなかった。この正志斎の保守性は、安政五年の勅諚《ちょくじょう》降下問題において明確に現れている。

勅諚降下問題とは、大老井伊直弼が勅許を得ずに日米修好通商条約を締結したことを問題視した朝廷が、水戸藩に対し「幕府は諸大名と会議を開き、外国に侮られないように方策を立てよ」という勅諚を下したという事件である。この事件を巡る対応は、もともと根深い対立のあった水戸藩内の抗争を激化させた。藩内の大勢は、「ただちに勅諚を各藩に伝達し、水戸藩が主導して会議を開くべし」という方向に傾いた。しかし、正志斎は、幕府を無視して事を運ぶことに反対し、藩主慶篤を説き伏せてこれを覆した。正志斎は、幕藩体制を動揺させることが内乱を招き、ひいては外国の介入を招くことを懸念したのである［後藤一九七七―一〇〜一四］。

このような藩内の抗争もあって、水戸藩は内側から弱体化し、次第に指導力を失っていき、維新後も水戸藩は有為な人材を明治新政府に送ることができなかった。そのため、幕末・維新の歴史上、水戸学は、いち早く尊王攘夷論を唱えていたにもかかわらず、幕藩体制の限界を乗り越えることができずに挫折した保守反動的な思想と位置づけられることが多い［橋川一九九四］。先に引用した丸山眞男も、そのような見解を代表する。

だが、果たしてそう言い切れるのであろうか。

†ナショナリズムの過激化

ジャック・シュナイダーは、各国の民主化・自由化の過程と攻撃的なナショナリズムとの関係について、歴史的・実証的な比較研究を行い、急激な民主化と自由化は、人気主義的なナショナリズムを引き起こし、それは過激な排外主義と化して、他国との戦争や国内の民族紛争をもたらすことを明らかにした。

例えば、フランス革命による急進的な民主化や自由化は、過激なナショナリズムを引き起こし、フランスを対外侵略戦争へと駆り立てていった。あるいは、ドイツのワイマール共和国における民主化や自由化もまた、ナチズムをもたらした。最近では、九〇年代に、国際人権団体の圧力によって、急激な言論の自由化と民主化を推し進めたルワンダ及びブルンジでは、言論と民主政治を通じて過激な民族主義が増幅し、国内で民族間対立を過熱させ、五〇万人もの犠牲者を出した。

これに対して、国家と大衆の間の中間勢力を維持しつつ、漸進的に民主化や自由化を進めた国々では、こうした自己破壊的なナショナリズムの過激化は、比較的抑えられているとシュナイダーは論じている。例えば、一八～一九世紀のイギリスは、フランスに比べれば、攻撃的なナショナリズムの発生は抑えられていたが、それは、イギリスでは、エリート層の間で言論の自由や代議制度が確立してから、民衆参加の民主化を進めるという漸進的な過程を経たからである。最近でも、マレーシアが、複雑な民族問題を抱えているにもかかわらず、国内紛争や虐殺を引き起こすような民族主義が抑制されているのは、この国が、先進国の批判にもかかわらず、言論の自由化や民主化を急進的に進めようとはしないおかげである［Snyder 2000］。

実は、民主化や自由化といった改革は、中間勢力を維持しつつ漸進的に行わないと、混乱や無秩序を招くという議論は、フランス革命を批判したエドマンド・バークやアレクシス・ド・トクヴィルといった思想家たちが指摘してきたことであるし、また民衆が政治に直接的に参加する共和国が好戦的な傾向にあることは、デイヴィッド・ヒュームやアレクサンダー・ハミルトンといった一八世紀の思想家や政治家にも知られていた。シュナイダーの研究は、こうした近代保守思想の伝統を裏付けるものなのである。

正志斎らが天皇の聖的権威の下に国民を統合しようとしつつも、天皇と国民の間に幕藩体制という中間勢力を残存させようとしたこともまた、ナショナリズムを過激化して国内を分裂させることを避けようとしたためではないだろうか。徂徠の武士土着論に対する東湖の批判や、勅諚降下問題を巡る正志斎の保守的な姿勢は、彼らの懸念が内乱にあったことを示している。内乱は、言うまでもなく、外国に侵略の機会を与えることになる。国家の独立を守るためには、国内分裂は最も避けなければならないことである。

イギリスが、大衆の政治参加が実現する以前に、エリート層の間でのリベラルな制度を確立していたように、後期水戸学の指導者たちは、おそらく、藩政改革を実践に移す中で、まずはエリート層における言論の自由化や人材登用を進め、そして豪農層にも政治参加を拡大していくという漸進的なアプローチが望ましいことを学んでいったのであろう。

だが、国際情勢の緊迫化はもはや漸進的な改革を許さず、すでにナショナリズムに火をつけており、尊王攘夷の過激化は避けるべくもない全国的な政治運動と化していた。しかも、その運動の拡大に貢献したのは、未だ西欧列強の脅威が一般に知られていなかった頃に正志斎が著した警世の書『新論』であった。結局、正志斎らは暴走するナショナリズムの制御に失敗し、他ならぬ水戸藩自身が、藩内の呵責なき内部抗争や天狗党の乱のような過激化した士民の蜂起によって著しく弱体化して自滅していくのである［コシュマン一九九八―四章・五章］。

しかし、この水戸藩の自壊こそが、ナショナリズムに訴えた直接的な民衆動員が運動の自己破壊的な過激化をもたらし、社会の内部分裂を引き起こすということを証明するものであり、朝廷と国民との間に幕藩体制という中間勢力を残そうとした水戸学の思想を正当化するものなのである。もし水戸学の攘夷論が、「民ノ或ハ動カンコト」をまったく恐れずに、丸山の言う「広く国民と共に対外防衛に当たらうとする近代的国民主義」の理想を目指して突き進んでいたら、より過激な排外主義が台頭し、より悲惨な内戦が引き起こされていたのではないだろうか。

正志斎の晩年における保守化は、封建道徳の限界ゆえというよりは、中間勢力なき急進的な民主化や自由化がナショナリズムの過激化を経由して暴力と混乱を引き起こすというメカニズムに気づいていたからだったのではないだろうか。彼は、ナショナリズムによって防衛力を強化し、国内体制を改革する原動力とするという国家戦略を先駆的に構想しただけではなく、その戦略を実践する中で、ナショナリズムの危険な側面にもいち早く気づき、その暴走を制御しようと腐心した。単にナショナリズムを刺激し、覚醒させるだけでは、国民の分裂を招き、国民統合という大目的の達成に失敗しかねない。国民統合から強大なパワーを引き出しつつも、同時に破壊的にならないように制御するような制度が必要である。正志斎は、そこまで洞察した上で、自らの置かれた時代環境の制約下でのベストの判断として、聖的権威である天皇によって国民全体を統合しつつも、天皇と民衆の間に幕藩体制という中間勢力を残す公武合体の国民国家を構想したに違いなかった。それを単なる封建反動としてしか解釈することのできない後世の学者たちは、プラグマティックなセンスにおいてはもちろん、国民国家という政治秩序に関する理論的な理解、さらにはナショナリズムがはらむ危険性に対する洞察においても、正志斎よりはるかに後れているのである。

第五章

福沢諭吉の尊王攘夷

1　実学を重んじたナショナリスト

伊藤仁斎は、日常の経験世界を重視した実践哲学を樹立した。「気」を「理」に先行させ、人間とその環境を「活物」とする動態的な世界観を提示して古学の開祖となり、壮大な体系を誇った朱子学の合理主義に一撃を与えたのである。

この仁斎の実践哲学を批判的に継承し発展させたのは、荻生徂徠である。徂徠は、制度を通じた社会化によるプラグマティックな統治を提唱した。そして、商品経済化に伴う物価の不安定化や階級格差の拡大といった未知の危機を克服すべく、その実践的な政治哲学に基づき、通貨の供給拡大や武士の土着化といった画期的な制度改革を提言した。

会沢正志斎は、仁斎が生み徂徠が育てた古学のプラグマティズムによって、近代西洋の衝撃に対処すべく、壮大な国家戦略の書『新論』を著し、日本が目指すべき姿として国民国家の原型とも言うべき政体を構想した。古学のプラグマティズムは対外的危機に直面した時、水戸学のナショナリズムへと姿を変えたのであった。

尊王攘夷思想は、幕末・維新の日本を動かす主たる原動力となり、また『新論』において示された国体観念は、近代日本を基礎づける支配的イデオロギーとなった。その一方で、水戸学自体は、藩内の苛烈な抗争による水戸藩の弱体化に伴って思想的な指導力を失い、水戸学が守ろうとした幕藩体制も、自らが生み出した尊王攘夷思想によって崩壊した。

しかし、維新後においても、水戸学の尊王攘夷思想のような、プラグマティズムに裏打ちされたナショナリズムの精神を継承した思想家がいたのである。それは誰であろう、福沢諭吉その人である。

このように言うと、抵抗感を覚える読者は少なくないだろう。福沢諭吉と言えば、尊王攘夷論の狂信的な排外主義や復古思想を批判した開明的な啓蒙思想家として知られているからだ。

しかし、会沢正志斎の尊王攘夷論が狂信的な排外主義ではないことは、すでに明らかになった。それが古学の実践哲学を基盤にしたものであることも示した。他方、福沢は、「人間普通日用に近き実学」〔学問のすゝめ初編―一二〕を唱えたことで知られている。福沢は、近代国際社会の中における日本のあるべき姿を生涯論じ続けたが、その議論の根底には、古学そして水戸学と精神を同じくする「実学」があるのである。本章では、福沢の実学というプラグマティズムもまた、水戸学と同様に、国際問題に応用されることでナショナリズムとして現れたことを示したい。

そのためには、福沢諭吉の文明論が尊王攘夷論と対立するものであるという通説を破壊することから始めた方がよさそうである。そこで、そのような見解を代表する最近の議論として、まずは、子安宣邦の『日本ナショナリズムの解読』における福沢論を批判的に検討してみよう。

2　福沢諭吉の国体論

†国体論と文明論

子安宣邦は、福沢諭吉の文明論を、会沢正志斎の国体論と抗争し、それを解体するものであると高く評価している。

子安によれば、正志斎は『新論』において、日本が皇祖神の正しい系譜を引く天皇の君臨する国家であり、そのことによって日本の国体は絶対的な世界無比であると主張し、この国体観が正統のイデオロギーとして近代日本を支配するに至った。これに対し、福沢は『文明論之概略』において、「明治の人民に絶対的な所与としてあてがわれようとする国体の論を、人民の意志と智力と相関的な、可変的な契機をもった国家の形態の議論へと変容させよう」としているとし、これを子安は「国体論の文明論的な脱構築」と呼んでいる〔子安二〇〇七―八七〕。

子安の解釈では、福沢が行った「国体論の文明論的な脱構築」は、次の三つである。第一に、世界無比で不変・不動の国体という絶対的な国体観を相対化した。第二に、「国体」と「政統」（政治体制）を区別し、政治体制は変革可能であるとした。第三に、「国体」と「皇統」を区別し、護持すべきは皇統の連続性ではなく、国体の連続性であるとした。

しかし、明治国家は、福沢の文明論ではなく、正志斎的な絶対的国体観を掲げて近代化を推進した。子安は『文明論之概略』を読み直すことで、「福沢の文明論を正統的言説としてきたのは戦後日本であって帝国日本ではなかったこと」を再認識したと述べている〔同前―八六〕。要するに、会沢正志斎の国体論は、明治国家から戦前までの日本を規定し、第二次世界大戦の敗戦という失敗に導いたのに対し、福沢諭吉は、戦後日本を先取りし、国体論と対決していた先進的な啓蒙思想家であると位置づけるのが、子安の解釈の狙いなのである。

だが、果たして、そのような解釈が成り立ちうるのだろうか。

まず、子安が「国体論の文明論的な脱構築」の第一に挙げた、絶対的な国体観の相対化について見てみよう。前章において見てきたように、少なくとも正志斎の「国体論」は、絶対無比にして不変・不動の同一性を保つ絶対的な国体観ではない。古学に従って、世界を動態的な「活物」とみなしていた正志斎は、日本の国体が不変・不動だとはまったく考えていない。それどころか、国体は永遠不滅であるとする国学を「天下を死物とする机上の空論に過ぎない」としりぞけているのである。国体には栄枯盛衰があり、積極的・能動的に守らなければ断絶しかねないと考えていたからこそ、正志斎は、あれほど激烈に危機感を訴えたり、藩政改革に取り組んだりしたのである。したがって、福沢が攻撃目標にしていると子安が解釈する不変・不動の国体観は、正志斎のものではない。

†金甌無欠の国体

福沢自身の国体観は、すでに知られているように、ジョン・スチュアート・ミルの『代議制統治論』における「ナショナリティ」の定義を参照したものである。

> 故に国体とは、一種族の人民相集《あいあつまり》て憂楽を共にし、他国人に対して自他の別を作り、自から互に視《み》ること他国人を視るよりも厚くし、自から互に力を尽すこと他国人の為にするよりも勉め、一政府の下にいて自から支配し、他の政府の制御を受《うく》るを好

まず、禍福共に自から担当して独立する者をいうなり。……この国体の情の起る由縁《ゆえん》を尋《たずぬ》るに、人種の同じきに由る者あり、宗旨の同じきに由る者あり、あるいは言語に由り、あるいは地理に由り、その趣《おもむき》一様ならざれども、最も有力なる源因と名《なづ》くべきものは、一種の人民、共に世態の沿革を経て懐古の情を同《おなじ》うする者、即《すなわち》これなり。
〔文明論之概略巻之一―四〇～一〕

福沢は、国体の成立要件の最も重要なものとして、人々が共有する歴史からくる「懐古の情」を挙げている。国体とは、歴史の産物であり、人々が共有する伝統のことなのである。そして、正志斎の「道」もまた伝統のことであった。

子安は、福沢が「およそ世界中に国を立《たつ》るものあればまた各《おのおの》その体《たい》あり。支那には支那の国体あり、印度には印度の国体あり」〔同前―四二〕と述べているのを引きつつ、福沢の相対的な国体観が絶対的な国体観と対立するものであることを強調している。しかし、正志斎もまた「国々みな其の内を貴びて、外を賤しとする事同じき理なれば、互に己が国を尊び、他国を夷蛮戎狄《いばんじゅうてき》とする事、是れ亦定まれる習也」と述べ、どの国も自国を最も尊重するものであるとわきまえており、相対的な国体観に立っていた。その上で、正志斎は、福沢の表現を借りるならば、「自から互に視ること他国人を視るよりも厚く」し、「一政府の下にいて自から支配し、他の政府の制御を受るを好まず」という意志から、『新論』を著し、尊王攘夷を唱えたのである。

しかし、子安は、続けて次のように述べている。「「金甌無欠《きんおうむけつ》」という国体の修飾語は、世界無比の日本の国体を修飾するものとして一九四〇年代の国体論的言説に氾濫するが、すでに明治初期に絶対的な日本国体を修飾するものであったのである。福沢によるナショナリティ概念による国体概念の再構成は、まずこの絶対的な国体観を相対化するのである。そしてさらに国体概念の中心に人民（国民）を位置づけていくのである。ここに新たな国体概念が成立する」［子安二〇〇七―九〇］。

だが、もし福沢が「金甌無欠」の日本国体を否定しているのだとしたら、彼が『時事小言《じじしょうげん》』で次のように言っているのは、どう考えたらよいのだろうか。「我日本国は開闢《かいびやく》以来、外国人の制御を蒙りたることなし。啻《ただ》にその制御を蒙らざるのみならず、外敵の足を以《もつ》て尺寸の地を穢《けが》したることもなし。実に金甌無欠、世界万国比類なきものと云うべし」［時事小言―一六七～八、傍点引用者］

福沢は、国体は国ごとに異なるという相対的な国体観に立ちつつ、自国の国体について、それが独立を維持してきたことをもって「金甌無欠、世界万国比類なきもの」と言っているのである。これは考えてみれば、単純な話である。要は、どの国も自国の国体の独立をかけがえのないものと考えるものであり、そして自分もまた、自分の国の国体の独立をかけがえのないものと考えるというだけのことだ。

子安は「金甌無欠」の国体観を、人民中心の国体概念と対立させて論じている。しかし、自国の国体を「金甌無欠」と考えるかどうかは、国体概念の中心に人民（国民）を位置づけるかどうかとは、何の関係もない。実際、福沢は、人民を主体とした日本の国体について「金甌無欠、世界万国比類なきもの」と言っているのである。

福沢が批判の対象にしているのは、自国の国体を「金甌無欠」と修飾する国体観それ自体ではない。かつて他国の支配を受けたことのない日本の国体を、福沢も「金甌無欠」であると称えている。福沢が批判しているのは、日本の国体が「金甌無欠」であるという状態に満足し、その状態をもたらしている「働き」〔文明論之概略巻之一 一五五〕を看過するようなタイプの国体論者なのだ。なぜなら、その「働き」がなければ、国体は衰亡してしまうからだ。そして、この「働き」こそ、福沢の文明論の最大のテーマである国民の独立心なのである。

会沢正志斎は、日本を太陽の出づる神州としながらも「天地の気は盛衰なきあたわず」と述べ、日本人の奮起を促した。福沢もまた、日本の国体を「金甌無欠」と称えながら、日本人の自立を促したのである。

†「国体」と「政統」の区別

子安の言う「国体論の文明論的な脱構築」の第二点目は、福沢が「国体」と「政統」を区別したというものである。「政統」とは、正統性を得ている政治体制のことであり、政治体制が変革されることはあり得る。しかし、政治体制の変革は「国体」の変革ではないというのが福沢の主張である。

この子安の解釈自体は、正しい。しかし、理解に苦しむのは、次の議論である。「「国体」「政統」そして「血統」に分節化しながら論じられる福沢の国体論の狙いは、金甌無欠の国体という無傷の連続性に立った絶対的な国体観に変革可能性の空気を吹き入れながら頑固な枠組みを揺るがすことである。日本国家の国民であること（国体・ナショナリティ）と国家の政治的体制（政統・ポリチカル・レジチメーション）とは区別されなければならない。だから政統が変わっても国体が変わるということではないのだ」［子安二〇〇七—九三、傍点原文］。

この文章は、少なくとも私には、何を言っているのか理解できない。「政統が変わっても国体が変わるということではない」と主張する福沢の狙いが、なぜ国体観に変革可能性の空気を吹き入れることになるのだろうか。

それどころか、「国体」と「政統」とを分離した福沢の本当の狙いは、政治が国体を作為的に変革するのを防ぎ、「金甌無欠の国体という無傷の連続性」を維持することにあるのである。天皇を世俗世界の上位に置くことで神聖不可侵とし、かつ天皇を国体の根幹に据える。それによって、世俗世界における「政統」の変化によって国体が左右されないようにする。要するに、国体を革命から守ろうとするのが、福沢の狙いであった。

本来我輩が我帝室の神聖を護りて之を無窮に維持せんとするは、日本社会の中央に無偏無党の一焼点《いちしょうてん》を掲げて民心の景望《けいぼう》する所と為《な》し、政治社外の高処に在て至尊の光明を放ち、之《これ》を仰げば万年の春の如くにして、万民和楽《わらく》の方向を定め、以て動かすべからざるの国体と為さんと欲する者なり。［尊王論―一二四二、傍点引用者］

もちろん、政統の変化とは無関係に、国体が変化することはある。国体は活物であり、栄枯盛衰があるからだ。では、国体が断絶するということは、どういうことか。「その絶《たゆ》ると絶えざるとは、言語宗旨等の諸件の存亡を見て徴《しる》すべからず。言語宗旨は存すといえども、その人民政治の件を失うて他国人の制御を受《うく》るときは、則ちこれを名《なづけ》て国体を断絶したるものという」［文明論之概略巻之一―四二］。

福沢にとって、国体の断絶とは、国民が独立性・自律性を喪失することなのである。子安もまた、そのように解釈している。ところが、子安は、次のような奇妙なことを言う。「「国体の断絶」への恐れから日本の権力者が終戦の決断を遅らせ、その結果広島・長崎をはじめとしたあの数え切れぬ多数の一般国民の無意味な死をまねいたことは周知のことである。そのような多数の人民の死によっても守られねばならぬ国体とは何であったのか。福沢の人民を主体とした国体概念からすれば、日本の戦争終結はこの人民的国体を犠牲にして、天皇制的国体を護持したことになる」［子安二〇〇七―九一］。

しかし、降伏とその後の占領とは、国民が独立を失うということである。それは、国民が「人民政治の件を失うて他国人の制御を受るとき」である。権力者が子安の言う「人民的国体」の断絶を恐れる場合であっても、終戦の決断は遅れるであろう。降伏の決断を早めて、広島・長崎をはじめとした多数の一般国民の死を回避したとて、その後に来る占領統治によって「人民的国体」が犠牲になるからである。それに、「人民的国体」、すなわち国民自決権（national self-determination）を守るためには、多数の国民が犠牲にならなければならないというのは、戦前の日本に限らず、国民国家一般に起こり得ることである。近代の国民国家間の戦争は、そのナショナリズムゆえに、国民全員が戦争に巻き込まれるという総力戦となり、多数の国民が犠牲になる悲惨なものとなる。しかし、そのような危険をはらむ近代国民国家こそ、福沢が目指したものであったのだ。

したがって、福沢が大東亜戦争終結の過程を目の当たりにしたとしても、それが人民的国体を犠牲にして、天皇制的国体を護持したものとは、つゆほども考えなかったであろう。福沢は、天皇制的国体と人民的国体のうち、一方が犠牲になり、他方が護持されるなどという考えを持ち合わせていなかったからである。そのことは、次の論点にも関わってくる。

†皇統の連続性

子安の言う「国体論の文明論的な脱構築」の三番目は、皇統の連続性についてである。福沢は、我が国の歴史を振り返り、封建制下では「天子はただ虚位を擁するのみ」であったと述べ、次のように続ける。「山陽外史《さんようがいし》、北条氏を評して、万乗《ばんじょう》の尊《そん》を視《み》ること孤豚《ことん》の如しといえり。その言、真《まこと》に然り」〔文明論之概略巻之一―四六〕。

これについて、子安は、「北条氏の専横が天子の尊位を「孤豚の如し」と評したことをいう山陽外史を引きながら福沢は、「真に然り」とその評に賛意を示してさえいる。国体論者の誇る皇統の連続性の実態とはかくのごときにすぎないのだ、と」〔子安二〇〇七―九六〕などと解釈している。しかし、これは解釈云々の問題というより、単なる初歩的な誤読である。福沢が賛意を示したのは、天子を軽んじた北条氏の態度についてではなく、北条氏が天子を軽んじていたという山陽外史の記した史実についてであることは、明らかだからだ。

言うまでもないことではあるが、天子の地位が虚位と化していたという史実を認めることと、天子の地位は虚位でよいとすることとはまったく別の話である。そもそも、鎌倉・室町時代には、天皇の地位が軽んじられていたという史実であれば、正志斎も認めている［新論上―二三〜四］。しかも、この天皇の権威が有名無実化していたという歴史認識こそが、尊王思想や王政復古の主たる原動力となったのである。

さらに、子安は、福沢が国体を身体に、皇統を眼にたとえて、「一身の健康を保たんとするには、眼のみに注意して全力の生力《せいりよく》を顧みざるの理なし」［文明論之概略巻之一―四六］と述べたことを評価して、次のように述べる。「ここには啓蒙的な言説のもっとも健全な姿がある。健全さは国家観の健全さである。国家の健康はその身体すなわち人民の健康にあるという正常な原則がここに貫かれている。日本の近代史の展開はむしろ皇統優位の国体観をもってその原則を転倒させていったのではないか」［子安二〇〇七―九七］。

子安は「福沢は、皇統の連続性を保ちさえすれば国体の連続性も保てるという説を批判することで、皇統など途絶えても国体は維持できると示唆しているのだ」と解釈したいようである。だが、そのような解釈は不可能だ。なぜなら、福沢は、皇統の連続性を神聖なものと信じて疑わなかったからである。

我帝室の一系万世にして、今日の人民が之《これ》に依《より》て以《もっ》て社会の安寧を維持する所以《ゆえん》のものは、明《あきらか》に之《これ》を了解して疑わざるものなり。この一点は皇学者と同説なるを信ず。〔帝室論―一七二〕

帝室は我日本国に於《おい》て最古最旧、皇統連綿《れんめん》として久しきのみならず、列聖の遺徳も今尚《な》お分明にして見るべきもの多し。天下万民の共に仰ぐ所にして、その神聖尊厳は人情の世界に於て決して偶然に非《あら》ざるを知るべし。〔尊王論―二四〇〕

しかも、福沢は、皇統の連続性が国体とは無関係なものとは考えていない。福沢は、国体の成立要件のうち、最重要のものとして、人々が共有する「懐古の情」を挙げる一方、皇統の連続性が人々の「尚古懐旧の人情」に訴えるものだとしている〔同前―二四〇〕。日本の場合、その国体を成り立たせる「懐古の情」とは、連綿と続く皇統の歴史から生じていると福沢は論じているのである。

福沢が身体と眼のたとえを持ち出したのも、「その皇統の連綿たるは、国体を失わざりし徴候というべきものなり」〔文明論之概略巻之一―四六〕ということを示すためであった。眼が身体の一部であるように、皇統は国体の一部である。身体は死んでいても眼が開いてさえいればよいというのは馬鹿げているが、だからと言って、身体が健康ならば眼はいらないということにはならない。眼の光が身体の健康の徴候であるように、皇統の連続性は、健全な国体の「働き」の「徴候」である。したがって皇統の連続性が途絶えるということは、国体も失われるということなのである。

なお、福沢は『学問のすゝめ』において、楠木正成の戦死を無駄死にであると評した（いわゆる「楠公権助論《なんこうごんすけろん》」）とみなされて世間から批判を浴びたため、新聞に寄稿して自らの真意を弁明しているが、その中でも、福沢は、子安の「国体論の文明論的な脱構築」という解釈を根本的に否定する台詞を連発しているのである。

> 余輩の眼をもって楠公を察するに、公をしてもし今日に在らしめなば、必ず全日本国の独立をもって一身に担当し、全国の人民をして各〻その権義を達せしめ、一般の安全繁昌を致して全体の国力を養い、その国力をもって王室の連綿を維持し、金甌無欠の国体をして益〻その光を耀《かがや》かし、世界万国と並立せんとてこれを勉《つと》むることとなるべし。今の文明の大義とは即ちこれなり。〔学問のすゝめ付録福沢全集緒言―一七〇〜一、

傍点引用者〕

国体が失われるということは、国民が独立を失い、他国の支配を受けるということである。要するに、独立を保ち続けた日本の国体は「金甌無欠」であり、そして「金甌無欠」の国体の徴候として、連綿と続く皇統の神聖性がある。裏を返せば、皇統の連続性が途絶したとしたら、それは国民が独立心を完全に失ったということの徴候である。それは、福沢が啓蒙思想家として生涯を賭けた企てが、失敗に終わったということを意味する。

大事なのは国家の独立であり、それを支える国民の独立の意識である。そして、国民の独立心に支えられた国体は「金甌無欠」であり、その結果として、皇統は連続性を保つ。一系万世の皇統は神聖である。これまで、我が国の皇統は連綿と続き、国家は独立を維持し、外国の支配を受けたことがない。しかし、それは国民の独立心があったからではなく、たまたま、外国から支配されなかっただけに過ぎない。近代世界に参入せざるを得なくなった以上、国民は偶然の独立に安住することは許されない。「我日本に外人のいまだ来らずして国の独立したるは、真にその勢力を有《ゆう》して独立したるにあらず。ただ外人に触れざるが故に、偶然に独立の体《たい》を為《な》したるのみ」〔文明論之概略巻之六―三〇〇〕。今や、日本人が目指すべきは、「我国民をして外国の交際に当らしめ、千磨百錬、遂にその勢力を落さずして、あたかもこの大風雨に堪ゆべき家屋の如くならしめんとする」［同前―三〇〇］ことである。

以上が福沢の国体観であり、文明観である。これは、前章において見てきた会沢正志斎の国体論とは、基本的には違いがない。福沢は、子安が賛美するような「国体論の文明論的な脱構築」などは、まったくやっていない。子安の解釈は、福沢諭吉と会沢正志斎の双方に対する根本的な誤解に基づくものに過ぎないのである。

3　文明論と尊王攘夷論

†福沢の攘夷論

福沢諭吉の文明論と会沢正志斎の尊王攘夷論について、その共通点をより際立たせてみよう。

まず、攘夷について、福沢はどう考えていたか。よく知られているように、福沢は、狂信的な排外主義としての攘夷論を毛嫌いしていた。それどころか、そうした攘夷論者から命まで狙われていたのである。ところが、そんな福沢が、明治一一年に、次のように述べている。

在昔《ざいせき》攘夷の説あり。その所論甚だ粗漏《そろう》にして取るに足るもの少なしと雖《いえ》ども、尚《なお》当時独歩の国是と為りて社会を動かしたることあり。況《いわん》や今日に在ては、既に内外の事情も詳《つまびらか》にして、知我知彼、以《もつ》て国権の論を立るに於《おい》てをや。〔通俗国権論二編―二一〇〕

福沢は、かつての攘夷論について、知的な側面において難はあったものの、国家の独立を維持しようとするその精神については評価している。福沢の国権論とは、内外の知識によって知的に武装された攘夷論なのである。「啓蒙された攘夷論」であると言ってもよい。

さらに福沢は、『文明論之概略』においても、倒幕と維新の原動力となった尊王攘夷について、その本質は王政復古でも攘夷でもなく、幕府の門閥制度を打破しようとする「全国の智力」であると述べている〔文明論之概略巻之二―一〇五～六〕。福沢の尊王攘夷の解釈は、硬直した身分制度の打破と実力主義への待望にあったという点に特徴があるのだが〔坂本一九九九―一九～二〇〕、それは、水戸藩内の秩序が崩壊するほどまでに、「人材抜擢」と

「言路洞開」を重視した後期水戸学も同じである。

正志斎は、当時の世界情勢を戦国時代になぞらえたが、福沢も世界を国家間のパワー・ゲームと観察していた。

和親条約と云い万国公法と云い、甚だ美なるが如くなれども、唯《ただ》外面の儀式名目のみにして、交際の実は権威を争い利益を貪《むさぼ》るに過ぎず。世界古今の事実を見よ。貧弱無智の小国がよく条約と公法とに依頼して独立の体面を全《まっと》うしたるの例なきは、皆人の知る所ならずや。〔通俗国権論―一九四〕

しかも、このパワー・ゲームは、軍事や政治の世界のみならず、経済においても同じである。福沢は、国際経済が常に互恵的で平和的であるなどとは考えていない。「方今《ほうこん》世界各国の交際は、兵を交えて戦うものも少なからずと雖《いえ》ども、商売工業の戦は兵の戦よりも広くして、日夜片時も休戦の暇あることなし」〔通俗国権論二編―二二六〕。

福沢は、国際社会とは「商売と戦争の世の中」であり、戦争のみならず国際貿易も各国が利益を争うパワー・ゲームであると考えていた。もちろん、貿易には互恵的な側面もあるが、本質的には、敵味方に分かれた闘争である。「政治的なもの」の概念は「友と敵の区別」であると述べたカール・シュミットに従うならば、戦争も貿易も「政治的なもの」なのである。

固《もと》より戦争にも種類多くして、あるいは世に戦争を止《とど》むるがために戦争する戦争もあらん。貿易も素《も》と天地間の有無を互に通ずることにて、最も公明なる仕事なれば、両様ともその素質に於て、一概にこれを悪事とのみいうべからずといえども、今の世界に行わるる各国の戦争と貿易との情実を尋《たず》ぬれば、宗教愛敵の極意《ごくい》より由《よっ》て来《きた》りしものとは、万々思うべからざるなり。〔文明論之概略巻之六―二七三〕

もちろん、貿易は国民に利益をもたらすものではあるが、その理由は、経済学における自由貿易論のように、国際的な財の交換による世界全体の資源配分の効率化にあるのではない。貿易は、その国の知識のレベルを向上させ、国力を高めるので、有益なのである。「外に貿易せんとするには、内に勉めざるべからざるが故に、貿易の盛《さかん》なるは、内国の人民に智見を開き、文学技芸の盛に行われて、その余光を外に放《はなち》たるものにて、国の繁栄の徴候というべければなり」。その意味では、戦争も同じである。国は、戦争を行うにあたって文明を学ぶことになるし、また国の独立を守るための戦争もある。「戦争は独立国の権義を伸ばすの術にして、貿易は国の光を放つの徴候といわざるを得ず」〔同前—二七四〕。

福沢にとって、貿易とは、あくまで自国の独立と、そのために必要な国力の強化に資するがゆえに進めるべきものであって、貿易が各国の利益の調和をもたらすという自由貿易の理論を信じていたからではなかった。それどころか、福沢は「英国の如き人力の製造品多くして世界中に輸出を利とするものは、その国の学者、大概皆自由貿易の説を主張し、亜米利加《アメリカ》合衆国の如き天然の産物に富て製造未だ盛なるの極に至らざる者は保護の主義を唱え、議論百出、止《や》むときなしと雖ども、結局自国の利を謀《はか》るより外ならず」〔時事小言—二一〕と述べている。福沢は、一九世紀ドイツの経済ナショナリストであるフリードリヒ・リストと同じように、イギリスが自由貿易の理論を掲げるのは、自由貿易がイギリスの国益に資するからであると喝破していた。

国際経済は、国家間の国力を巡る闘争の場である。それゆえ、政治のみならず経済においても、ナショナリズムが必要になる。「一国の権利を張らんとするにも、貿易商売の盛衰を競わんとするにも、最第一の緊要事は、全国人民の脳中に国の思想を抱かしむるに在り」〔通俗国権論—一九九〕。福沢は、経済ナショナリストであった。

日本は開国し、近代世界に参入した時から、政治経済を問わず、恒常的な戦争状態に突入せざるをえなくなったというのが福沢の世界認識であった。こうした常時戦争状態の中で、日本は、自分の国のあり方（「国風」）は他国に支配されることなく自国民が決めるという「一国の権」（国家主権あるいは国民自決権）を守っていかなくてはならなくなる。そして、「若《も》しも他より之を犯して我国の邪魔をする者あれば、之を国権を犯すの無礼と云う。無礼者は之を打払《はらい》て可なり。遠慮に及ばざることなり」［同前―一四九］。これは、どう読んでも、れっきとした攘夷論である。

そもそも福沢がすすめた「学問」の目的は、攘夷にあったのである。「我日本国人も今より学問に志し、気力を慥《たしか》にして先ず一身の独立を謀《はか》り、随って一国の富強を致すことあらば、何ぞ西洋人の力を恐るるに足らん。道理あるものはこれに交わり、道理なきものはこれを打ち払わんのみ。一身独立して一国独立するとはこの事なり」［学問のすゝめ三編―二八］。

一国の独立を守るためには、最終手段としての戦争を覚悟する必要があると福沢は言う。外交にあたっては、「人民最後の覚悟は必戦と定め、引て放たず満を持するの勢を張」らなければならないと言う。もとより戦争を好むわけではない。しかし「実戦の覚悟」がなければ、この厳しい国際社会の現実の中で、国民自決権は守れないのである。「実戦の覚悟」は、外圧を無効にするだけでなく、戦争を抑止する効果ももつ。

之を要するに我日本の外国交際法は、最後に訴る所を戦争と定め、戦えば頑固剛情にして容易に兵を解かず、幾月も幾年も持続して双方艱難《かんなん》に堪うるの度を競うの一法あるのみ。斯《かく》の如く覚悟を定れば亦《また》容易に戦争にも及ばざる者なり。［通俗国権論―一九七］

平和を守るためにこそ、「実戦の覚悟」は必要なのだ。この福沢の戦略を、正志斎は「之を死地に置きて、而して後に生かす者なり」と評しただろう。正志斎が『新論』において「守禦」を論じる際に求めたのも、「和戦の策、先づ内に決し、断然として天下を必死の地に置き、然る後に防禦の策得て施すべきなり」［新論下―一〇〇］という「実戦の覚悟」であった。

「国の独立は即ち文明なり」［文明論之概略巻之六―三〇一］としていた福沢の文明論とは、すなわち国家主権論であった。会沢正志斎が国防を目的とし、そのための手段として内政改革を唱えたように、福沢も「国の独立は目的なり、国民の文明はこの目的に達するの術なり」［同前―二九七］として、文明を論じた。福沢は、「内国の政治既《すで》に基礎を固くして安《あん》寧《ねい》頼むべきの場合に至れば、眼を海外に転じて国権を振起するの方略なかるべからず。我輩畢生《ひっせい》の目的は唯《ただ》この一点に在るのみ」［時事小言―一〇五］と断言するが、それは正志斎の「畢生の目的」でもある。同時にそれは、民の意向に沿った仁政によって「民志奮起し、士気雄壮、南宋の脆弱と雖ども、以て北韃の勁兵を撻たしむべし」と述べた仁斎とも通じる。

福沢の文明論とはナショナリズムに他ならず、そしてその「文明論＝ナショナリズム」の根幹には、最終手段としての「実戦の覚悟」が揺るぎなく据えられている。そう考えると、「福沢の文明論を正統的言説としてきたのは戦後日本であって帝国日本ではなかった」などという子安の理解は、悪い冗談なのではないかとすら思えてくる。言うまでもなく、福沢が国民に求めた「実戦の覚悟」を放棄したのは、戦後日本だからだ。

†福沢の尊王論

福沢の「尊王」については「攘夷」以上に明らかである。なぜなら、福沢は「尊王論」や「帝室論」によって、それを明確にしているからだ。

「尊王論」を読むにあたって気をつけるべきは、その冒頭に「我大日本国の帝室は尊厳神聖なり」と掲げ、それを「疑《うたがい》を容るゝ者なし」としていることである〔尊王論―二二二〕。「尊王論」は、天皇の存在が政治社会にどのような効用をもたらすのかを論じたものであるため、福沢の天皇制擁護は功利主義的なものだと解されがちである。確かに、福沢を啓蒙思想家と位置づける見方からすれば、そのような解釈の方が都合がよいだろう。しかし、福沢は、そのような誤解をあらかじめ回避するために、わざわざ「尊王論」の冒頭で、皇室が神聖であることを信じて疑っていないことを宣言しているのである。天皇の神聖性を当然の前提とした上で、敢えて、その社会的な効能をも説くというのが「尊王論」の趣旨なのである。

「尊王論」あるいは「帝室論」において説かれる天皇制の政治社会的な意義とは、日本国民を統合する求心力としての機能である。福沢は、政治秩序の前提には社会統合が必要であり、その社会統合は天皇制のような聖的な象徴によって達成されると考えていた。

現代の自由主義哲学は、政治的なものであれ、経済的なものであれ、各主体の自由な活動の結果、社会の秩序が達成され得ると考えがちである。政治的自由主義者は、ジョン・ロールズに代表されるように、理想化された状況においては、合理的な個人は自由民主主義の諸原理を選択することを証明しようとしてきた。別のアプローチからではあるが、経済的自由主義者もまた、ミルトン・フリードマンに代表されるように、合理的な個人の利益追求活動の結果、市場原理を通じて社会の均衡が達成されると主張してきた。ところが、福沢は、政治や経済における諸個人の自由な活動だけでは社会秩序を安定させることは不可能だと考えているのである。

商人が利を争い、学者が名を争い、政治家が権を争うが如《ごと》き、外面は稍《や》や穏《おだやか》にして美なるに似たれども、その争うの実は則ち上流も下流も同一様にして殊色《しゆしよく》あるを見ず。之《これ》をその当局者の為《な》すがまゝに任じて自在に運動せしむるときは、争論底止《ていし》する所なくして啻《ただ》に社会の騒擾《そうじよう》のみならず、当局者の自身に於《おい》ても事の行掛《ゆきがか》りに載せられて所謂《いわゆる》五分も引かれぬ意気地《いきじ》に迫り、内実甚《はなは》だ当惑するの事情常に多し。［尊王論―一二八］

自由民主主義は重要であるが、その前提として社会統合が必要である。自由民主主義だけでは、自らの社会統合を実現することができない。「自由民権甚《はなは》だ大切なりと雖《いえ》ども、その自由民権を伸ばしたる国を挙げて、不自由無権力の有様に陥りたらば如何せん」［帝室論―一八五］。それゆえ、自由民主主義の諸原理とは別に、社会を統合する機能が必要になる。それは、俗世を超越した聖的な権威である。それこそが日本の場合は皇室である、と福沢は言うのである［尊王論―二四一〜二］。

社会統合は、諸個人の合理的な対話や活動によっては不可能である。諸個人は、自由民主主義の手続きを通じて社会を成立させることはできない。社会統合は、自由民主政治の前提として必要なのである。したがって、社会統合（国民統合）は、世俗の政治の外にある聖的権威によって実現される必要がある。

福沢は社会統合を「統《すぶ》る」と言い、「当《あた》る」と区分する。天皇は「万機を統る」のであって「万機を当る」のではない。「当る」のは政治の役割である。天皇は政治の外にあって、国民全体を「統る」のである〔帝室論―一七七〕。天皇が聖的象徴として国民を統合し、その国民の枠の中で、自由民主的な政治が行われる。自由民主政治の中で、複数の党派や価値観の対立があり、それが解消しなくても、国民の枠の中で共存する。価値観や利害の異なる党派同士が紛争を起こさないように、対立を穏健化し、共存するようにする「緩和力」〔帝室論―一八二〕をもつのは、国民統合を可能にする象徴の力なのである。

多様な価値観や生活様式に対する寛容は、西洋における自由主義（liberalism）の政治哲学が最も重視する理念であるが、現代イギリスの政治哲学者ジョン・グレイは、この寛容を尊重する自由主義哲学には、二つの伝統があると論じている。

一つは、人々が普遍的な文明の理想に合意することができると仮定し、その合理的な合意に至るための手段として、寛容を重視するという哲学である。このタイプの自由主義は、多様な生活様式がいずれ一つの普遍的で合理的な生活様式へと収斂することを望むものである。グレイによれば、ジョン・ロック、イマニュエル・カント、現代ではジョン・ロールズが、この自由主義の伝統を代表する。

これに対し、もう一つの自由主義の伝統は、多様な価値観が平和的に共存するための条件として、寛容を重視する。こちらのタイプの自由主義では、多様な価値観や生活様式は、一つの普遍的なものへと収斂しえないものと想定されているのである。グレイは、この多様な価値観の共存を認める寛容さを「暫定協定（modus vivendi）」の理想と呼ぶ。この「暫定協定」の理想を目指す自由主義哲学の伝統に属するのは、トマス・ホッブズ、デイヴィッド・ヒューム、現代ではアイザイア・バーリンやマイケル・オークショット、そしてグレイ自身である［Gray 2000］。

ただし、グレイは、この「暫定協定」をどうやって成立させるのかについて、十分に論じているとは言えない。しかし、もし福沢にこれを問えば、「我輩がこの勢力の在る所を求《もと》むれば帝室の尊厳神聖是《こ》れなりと明言するものなり」［尊王論―二二五］と応じたのではないだろうか。生活様式の多様性に寛容な自由民主政治を可能にし、異なる価値観をもつ人々が平和に共存する秩序を実現できるのは、価値観の対立に対する「緩和力」をもった何らかの聖的権威しかない。その聖的権威が、我が国の場合は、国民を「統る」皇室なのである。

したがって、福沢の尊王論は、彼の自由主義と矛盾しない。それどころか、自由主義の前提条件として尊王が必要なのである。

†キリスト教に対する態度

価値観の多様性に対しては、会沢正志斎も「異端老仏の説の如しと雖《いへど》も、苟《いやしく》も身に八虐《はちぎやく》を犯すに至らずんば、則ち置いて問はず」(一六八頁)と述べたように、基本的には寛容であった。しかし、国民統合を脅かすような思想に対しては、これを警戒し、不寛容な態度を示した。具体的には、キリスト教に対する排斥である。正志斎は、国際情勢の知識や軍事技術等、国力の強化や国防のために有益なものについては西洋から積極的に導入しようとしたが、逆に、国力の弱体化や国家秩序の破壊につながりかねないイデオロギーや宗教は、断固として拒否したのである。

では、福沢はどうであったか。実は、福沢も国民統合の強化のためには「外教の蔓延を防ぐ事」[時事小言―一七〇]が必要であると明言しているのである。福沢は、基本的には宗教には関心が薄いとしつつも「宗教の事は之を度外に放却して論ぜざるも可なるに似たれども、国権の保護を目的として人民の気力に注意するときは、亦大に論ぜざるべからざるものあり」[同前―一七二]と述べ、宗教が国民統合と矛盾する場合があることに注意を払っている。この宗教と国民統合の関係について、福沢は、すでに『文明論之概略』において「宗教は一身の私徳に関係するのみにて、建国独立の精神とはその赴《おもむ》く所を異にするものなれば、たといこの教を以て人民の心を維持するを得るも、その人民と共に国を守るの一事に至《いたり》ては、果して大なる効能あるべからず」〔文明論之概略巻之六―二七五〕と論じている。

特にキリスト教は、普遍性を追求するその教義の性質上、国民統合を尊重するナショナリズムとは両立しえないと福沢は論じている。「耶蘇《ヤソ》教の主義は真に公平にして世界を一家と視做《みな》し、国権の主義は真に不公平にして故《こと》さらに自他の別を作為する者なれば、主義の異なるよりして自《おのず》から国権保護の気力を損せざるを得ず」〔時事小言―一七八〕。

もちろん、だからと言って福沢は、キリスト教を禁止すべしと言うわけではない。では、信教の自由と国民統合の核である天皇の神聖性とをどのように両立させるのか。福沢は、神道は宗教ではないとすることで、解決を図っている。宗教はもっぱら死後の世界に関するものであるが、「神道は唯現世に在て過去の神霊を祭り、その徳に報じて現世の人の幸福を祈り、専ら生者の為にするのみのことなれば、決して宗教には非ざるが如し」〔同前―一八六〜七〕だというのである。

福沢は「神道は我日本固有の道」〔同前―一八七〕とも言っている。「道」とは、儒学の概念である「道」のことであろう。「先王の道」は聖的なものである。しかし、孔子は来世については決して語らなかったのであり、それゆえ、福沢の理解に従うならば、「先王の道」は聖的ではあっても、宗教であるとは言えないということになる。福沢は、聖的なものの存在を認めながらも、宗教ではなく経世のための政治思想であった儒学の「道」のようなものとして、神道を考えていたのではないだろうか。そうだとすると、福沢の尊王思想は、古学の「道」と日本固有の神道とを結びつけた後期水戸学の構想にますます近いということになろう。

†国民の「気力」

さらに、正志斎が伊藤仁斎から継承した「気」の概念に着目するならば、正志斎と福沢の思想は一層接近するのである。

正志斎が「気」と呼んだのは、天皇の聖的権威の下に生み出された国民の能動的・主体的な団結力から発生するエネルギーのことである。国内に対しては仁愛の政治によって民を安んじ、それによって国民の「気」を充実させる。加えて、国民には対外的危機を認知させ、必戦の覚悟をさせることで、「気」のエネルギーをさらに引き上げる。この「気」の強大なエネルギーによって国内の軍事・法制上の大改革を成し遂げ、もって西欧列強に対抗し、内外の危機を克服する。これが、正志斎の描いた国家戦略であった［河原一九六三一九三～六〕。彼が構想した国家こそ、国民国家と呼ばれる政体であり、そして「気」とはナショナリズムに他ならない。

福沢の戦略も同じであった。福沢は「外の艱難《かんなん》を知て内の安寧を維持し、内に安寧にして外に競争す。内安外競、我輩の主義」〔時事小言―三二〕を主張しているが、この「内安外競の主義」とは、正志斎が『新論』で説いたところではないか。まさにその通りで、福沢はこう言っている。

数年前、世の攘夷家なる者が、仮令《たと》い我国を焦土にするも外人をば国に入れずと云《い》いしことあり。今にして之《これ》を思えば其言甚《はなは》だ劇烈して、固《もと》より今日に行わるべきに非《あら》ざれども、その国を思うの精神に於ては誠に感ずべし。我輩の所論も、他なし、この精神を変形して之を今日に用んと欲するのみ。〔同前―三一～二〕

尊王攘夷が生み出したナショナリズムの巨大なエネルギー、それを変形して近代日本の建設のために用いる。福沢の文明論とは、姿を変えた尊王攘夷論なのだ。福沢自らがそう言っているのである〔河原一九六三―三三七～三四六〕。

さらに『時事小言』の最終編は「国民の気力を養う事」と題され、その冒頭は次のようにして始まっている。「内既に安寧にして、又外に競争するの資力に乏しからず、尚《なお》足らざるものあり。即ち国民、国の為《ため》にするの気力、是なり。苟《いやしく》もこの気力あらざるときは、天下太平も祝するに足らず、国土富有も悦ぶに足らず」〔時事小言―一六六〕。

「国民、国の為にするの気力」こそ、ナショナリズムであり、正志斎が古学の伝統を継承して「気」と呼んだものである。ここまで来ると、福沢の文明論と正志斎の尊王攘夷論の思想上の違いを見いだす方が難しくなる。強いて挙げれば、正志斎は天皇と国民との間の中間勢力として幕藩体制を残そうとしたのに対し、福沢は、幕藩体制の代わりに、強力な権限を有する近代政府と国会を位置づけているが〔同前―第二編〕、この程度の違いは、言うまでもなく、論者が置かれた時代と立場の相違からくるものだ。

福沢は、知識、技術、富、法制度が整備されているだけの国家では不十分であり、国民がナショナリズムの「気力」を有する国民国家でなければならないと論じるのであるが、その際、引き合いに出されるのは中国である。中国には、長年の伝統に基づく強大な政府があり、国富も文化もあり、軍事力の強化に必要な資財もそろっている。それにもかかわらず、中国が西洋列強に屈することとなったのはなぜか。

国民国家であるためには、人々が言語、生誕の土地、モラルあるいは衣食住の生活習慣、とりわけ「懐旧の口碑《こうひ》」すなわち歴史や伝統に対する愛着を共有し、それによって同朋意識を有している必要がある。しかし、中国の人民は、同朋意識を有していない。「然るに目今《もつこん》支邦に於《おい》ては、一政府の下に支邦本部と満清と二種類の人民を支配して、互に言語を異《こと》にし風俗を異にし、殊《こと》にその懐旧の口碑に至ては、一方の辱《はじ》る処を以て一方の栄と為《な》し、一方の喜は以て一方の憂と為るべし。人心の団結せざるも亦謂《またいわ》れなきに非ず」〔同前―一六七〕。中国は、国内の人民間の団結が弱く、国民国家ではなかったために、その独立を失ったのである。

国民を統合するのに最も重要な要素として、福沢は、ここでも「懐旧の口碑」すなわち歴史や伝統に対する愛着の共有を挙げている。中国には、国民統合を可能にする「懐旧の口碑」を欠いているというのである。

日本の場合は、これまで繰り返し見てきたように、国体《ナシヨナリチ》の中核にあるべき「懐古の情」あるいは「懐旧の口碑」の源泉は金甌無欠の皇統にある、と福沢は考えた。連綿と続く皇統が日本国民を統合させる求心力となり、国民の「気力」たるナショナリズムを高め、そのナショナリズムのエネルギーによって国内の制度改革と秩序の維持を図る。そうすれば厳しい国際社会の中で、対外的脅威を打ち払い、自国の独立を確保することができる。

福沢諭吉は、まぎれもなく尊王攘夷論者である。彼こそが、会沢正志斎の精神を継ぐ者なのだ。

4 ヴィジョンの力

福沢諭吉は「人間普通日用に近き実学」を提唱したが、その実学の精神とは、政治論においては「時」と「処」を知り、「時勢」を知るということである。福沢は「理論家の説〈ヒロソヒイ〉と政治家の事〈ポリチカルマタル〉とは大《おおい》に区別あるものなり。後の学者、孔孟の道に由《より》て政治の法を求《もとむ》る勿《なか》れ」〔文明論之概略巻之二―九二〕と強調する。「孔孟の道」とは、「時」と「処」の違いを無視した「理論家の説」であり、そのような理論をもとにして政治を実践すべきではないというのである。

こうした文脈において、福沢は、「当時を以て孔子の事業を見るに、彼の管仲《かんちゅう》の輩《はい》が時勢に順《したが》うの巧みなるに及ばざること遠し」〔文明論之概略巻之二―九〇〕と述べている。儒者は、時勢に応じた管仲の政治を「覇道」とみなし、道徳の原理原則に従った政治である「王道」よりも劣ったものとするが、「政治家の事」すなわち政治実践として優れているのは管仲のプラグマティズムの方である、と福沢は論じている。

この管仲の覇道に対する福沢の評価は、本書の趣旨からして、極めて興味深いものである。

すでに見たように、会沢正志斎の師である藤田幽谷もまた、「後世の儒者は、徒らに道徳仁義を談じて、功利を言ふを諱み、富国強兵は、しりぞけて覇術となす」と述べ、王覇の区別に異を唱え、富国強兵を擁護した。荻生徂徠もまた「王と覇と、その異なる所以の者は、時と位とのみ」と主張した。そして、伊藤仁斎も、『論語』の中で孔子が管仲を仁者と評したことを強調していたのである〔童子問巻の上―七四〕。管仲の政治を覇道として批判したのは孟子であり、仁斎は孟子を崇敬していた。それにもかかわらず、仁斎は、管仲の評価に関しては、その政治が結果的に民の安寧をもたらしたことをもって仁者として認定した孔子の解釈をとったのである。

この覇道に対する共通の態度に端的に示されているように、伊藤仁斎、荻生徂徠、会沢正志斎そして福沢諭吉を貫いているのは、「実学」という日本のプラグマティズムの精神である。この四人の思想家が、時代を越えて共有しているのは、日常経験の豊かさであり、実践力の強さであり、直観の確かさである。彼らの議論の違いは、それこそ、彼らが生まれ合わせた「時」と「処」と「位」の違いによるものに過ぎない。仁斎が商品経済の発達に伴う社会的変化に直面していたら『政談』を著したのかもしれないし、徂徠が西洋列強の脅威を察知していたら尊王攘夷を唱えただろうし、正志斎が維新後を生きていたら「一身独立して一国独立する事」を目指して、国民に学問をすすめたに違いない。

小林秀雄は、時代の危機に処した福沢諭吉の精神を「ヴィジョンの力」と呼ぶ。そして、この「ヴィジョンの力」について、次のように述べている。「生活力の強い、明敏な常識を持った人々が、その個人的な窮境を打開するのと同じやり方であり、これを福沢は、思想人として、はっきり自覚していたまでだ」［小林一九七五―一一二］。「生活力の強い、明敏な常識を持った人々が、その個人的な窮境を打開するのと同じやり方」とは、言い換えれば、福沢が「人間普通日用の実学」と呼んだプラグマティズムのことである。プラグマティズムこそが、危機を克服する「ヴィジョンの力」をもたらすのである。

私は、会沢正志斎にも、この「ヴィジョンの力」を感じる。それが『新論』の国家戦略を生み出したのだと思う。正志斎は、己が置かれた時代と状況の制約の中で、入手可能な知識を総動員し、できる限りの情報をかき集めて情勢を分析し、分からない部分については想像力を働かせ、あらゆる事態を想定し、さらに予測不可能な変化にも対応できる準備もした上で、未知なる危機に敢然と立ち向かった。それは、確かに、生活力の強い人が個人的な窮境を打開する場合と同じやり方である。

現代日本は、内憂外患とも言うべき巨大な危機の只中にある。しかし、危機を克服する力を生み出すのは、壮大な理論でも難解な思想でも高尚な精神でもない。我々が日常の生活経験の中で育んでいる実践感覚なのである。しかも、そのことは、他ならぬ日本の実学思想の伝統の中に示されていた。仁斎が繰り返し言ったように、「卑近の中、自ずから高遠の理有るなり」だったのである。

あとがき

桶谷秀昭は『昭和精神史』のあとがきで、次のように書いている。

昭和精神史における〝戦後〟とは、大枠において、過去の日本を否定し、忘却しようとする意識的な過程である。しかも、無意識の肉体において過去の日本をひきずつてゐた。その肉体がほろびたときに、昭和はをはる。
その時期を、私は昭和四十五年にみる。［桶谷一九九六―七一八］

昭和四五年とは、三島由紀夫が自裁した年である。おそらく桶谷は、三島の自裁に、過去の日本を引きずっていた肉体、すなわち「国体」の滅亡を象徴的に感じとったのであろう。

しかし、そうだとしたら、昭和四六年生まれの私のような者には、まことに困ったことになる。なぜなら、生まれた時には、すでに日本の国体は滅びていたということになるからだ。

もちろん、皇統は断絶していない。日本国憲法は、第一条において天皇を国民統合の象徴としているし、天皇は依然として法律や条約を公布し、国会を召集し、衆議院を解散し、栄典を授与し、大嘗祭をはじめとする儀式を執り行っている。しかし、福沢諭吉が言ったように、皇統は眼、国体は身体なのであり、「体を殺して眼を存する」〔文明論之概略巻之一―四七〕という事態はあり得る。昭和四六年以降の日本とは、肉体がすでに滅んでいるのに、眼だけが開いて、うつろに宙を見ているということなのだろうか。

ところで、この「眼」という表現は、小林秀雄も好んで用いていたものである。小林は、「私の人生観」という講演の中で、歴史を観る眼である「歴史観」には「現実そのものと共鳴共感するという意味合いがある」と述べている。そうだとするなら、歴史を正しく観るためには、歴史上の人物の思想や精神を、それを読む歴史家も共有していなければならない。「共鳴共感」と言うからには、そういうことになる。

例えば、会沢正志斎や福沢諭吉の思想に共鳴共感するためには、彼らの国体の観念を我々もある程度共有していなければならないわけである。福沢は「全国人民の脳中に国の思想を抱かしむる」ことを目指したが、我々が脳中に「国の思想」を抱いていなければ、福沢の思想の意味を正しく理解することはできない。要するに、歴史を観る「眼」が死んでいるということである。

だが、桶谷が正しければ、日本の国体は、敗戦後から衰弱し、昭和四五年をもってすでに滅んだということになる。現代の日本人は、過去の日本の国体を知らないのである。そうだとするならば、我々は、もはや、過去の国体を巡る思想を正しく理解することはできないということになる。過去の日本の精神にあった「国体」に、共鳴共感することができないからだ。

私は本書を書きながら、現代の思想史家たちの多くが、伊藤仁斎の「義」の概念を見逃したり、会沢正志斎の国体論の本質を捉え損ねたりしていることに気づいた。福沢諭吉については、ほとんど信じがたいような誤読すら目撃した。私は、こうした誤解の数々に接するにつけ、それらが「国の思想」をもたない戦後日本人の精神に都合のよいような解釈をした結果であることを痛感せざるをえなかった。国という身体が死んでいるから、歴史を観る「眼」も死んでいるのである。

とは言うものの、その一方で、現代日本においてもなお、過去の日本を引きずった肉体を見いだすことができなくもない。それは、例えば、思想史家の河原宏が語った自らの戦争体験の中に確認できる。

中学三年からは工場への勤労動員に明け暮れて、中学四年で繰り上げ卒業になって、海軍に入ってからだね、本気で考え始めたのは。『特攻隊というものはもうなくなった。全海軍特攻だ』そんなことが言われていたから。

初めて、一体この戦争は何だ、天皇とは、国家とは、と考えた。昭和二〇年の、五、六月ごろからだよ。だから僕たちの兵士としての体験はとても短いんだ。濃密だったけれどもね。そして、最後に至った結論が、『母親を護るため』だったことは、前に言ったね。

それで、覚悟が決まって、死に近づいていると感じているとき、いちばん、生き甲斐を感じた。これほどの、生きていることの豊饒さを感じたことは、ほかに、ない。『あ、これだ!』と思った。だから、自然に笑みがこぼれてきた。楽しくて楽しくて、しょうがなかった。

その感じは戦後に持ち越している。生き甲斐は死に甲斐、死に甲斐は生き甲斐で、不二のものだと。

だから僕の場合は人とちょっと違う。戦中と戦後とで、断絶っていう感じはない。

［堀切二〇一〇—一七一〜二］

これは、「天命を知る」という瞬間とはこういうものか、と思わせる証言である。司馬遼太郎が対談の中で飽くことなく繰り返した恨みがましい軍隊経験談とは雲泥の差がある。

河原より四歳年少の佐藤誠三郎（故人）も、「丸山眞男論」の中で、中野好夫と丸山眞男の論争について触れながら、自らの「国の思想」を明らかにしている。中野と丸山の論争とは、中野が戦時中について「戦争に負けるのをニヤニヤと傍観していたのではなく、一国民としての義務の限り協力した」という趣旨のことを書いたのに対し、丸山が、当時は「ニヤニヤ」としてではなく必死の思いの「傍観」もあったと批判したという件である。

これについて、佐藤は、次のように書いている。

しかし私は、この論争に関する限り、中野の態度の方が優れていると信ずる。個人として当時の政府の戦争政策にいかに反対であろうと、いったん戦争が始まったら、「国民としての義務の限り」では戦争に協力するというのは、まさに健全なナショナリズムではないか……。ある国の国民であるということは、その国と運命をともにするということであり、したがって政府のやったことに否応なく連帯責任を負わざるをえないということを意味するのである。それは政策決定がどの程度民主的であったかどうかとは、とりあえず関係ない。……

私はもし一〇年自分が早く生まれ、学徒出陣という事態に直面したら、どのような選択をしたであろうと考えることがある。臆病な私のことだから、喜び勇んで出陣することはなかったであろう。しかし仮に出陣を避ける方法があったとしても、それを利用して兵役を免れることには強いためらいを感じ、最終的には出陣したに違いない。そして特攻隊のような、きわめて危険な任務に応募するようにいわれたならば、第一番に応ずることはないにせよ、三番目ぐらいには志願したに違いない。……そして私はこのような態度が、官僚的国家主義に毒された間違ったナショナリズムとは考えない。［佐藤二〇〇九―三二一～二二］

私自身が、戦時下の日本という「時」と「処」、そして学徒出陣という「位」に直面したら、どのような態度をとったであろうか。ひ弱な現代っ子の私は、河原のように、死に甲斐を生き甲斐と悟るほどの度胸は残念ながらなさそうである。しかし、少なくとも佐藤に近い態度をとっただろう、とは想像する。特攻隊の応募についても、佐藤の次の次ぐらいに、思い切って手を挙げたのではないか。最低限、そうありたいと願っている。そして私も「このような態度が、官僚的国家主義に毒された間違ったナショナリズムとは考えない」。

河原や佐藤には、過去から受け継がれてきた日本の「国の思想」が、確かに息づいているのである。だから、彼らの歴史を観る「眼」も、生きている（本書で言及した佐藤の正志斎に対する誤解などは、彼の精神的健全性に比べれば些事に過ぎない）。そして、こうして河原や佐藤に共鳴共感するということは、私のような昭和四五年以降の生まれの者の中にも、「国の思想」がまだ生き残っているということではないだろうか。

日本思想史の専門家でもない私が、伊藤仁斎、荻生徂徠、会沢正志斎そして福沢諭吉を論ずるという身の程知らずの試みに駆り立てられたのは、過去の日本を引きずった肉体が完全に滅んだということではないということを、確かめたかったからなのかもしれない。

中野剛志

平成二三年一〇月二五日

注

（1）一八九〇年に発せられた教育勅語は、水戸学に基づくものという見解が長く一般的であったが、今日の教育勅語研究によれば、この見解は否定されているという［吉田二〇〇三—六〜八］。
（2）ただし、松本健一は、水戸学の尊王攘夷論について、必ずしも否定的な評価をしていない［松本二〇〇八—八七〜九二］。
（3）松本健一は、菅政権下で内閣官房参与に就任した。
（4）ＴＰＰを巡る議論の異常さについての詳細は、拙著『ＴＰＰ亡国論』（集英社新書）を参照されたい。
（5）もっとも、正志斎は、異国船打払令に関しては、これを幕府による攘夷政策と誤解し、評価している。
（6）以降の朱子学の概要説明は、丸山［一九五二］及び渡辺［二〇一〇—一章］を参考にしている。特に丸山［一九五二］は、合理主義としての朱子学が、仁斎や徂徠らの非合理主義によって、いかに解体されたかを描きだしたものであり、それゆえ、本書の趣旨からして、朱子学の概要を知るにあたって参考にするのに最も適切と考えた。ただし、筆者は、丸山［一九五二］の徂徠や水戸学に対する解釈あるいは歴史観に必ずしも同意していない。
（7）合理主義については、例えばOakeshott［1991］を参照されたい。
（8）したがって、司馬遼太郎は、「合理主義」の意味を取り違えている。
（9）実学史観を提唱する源了圓もまた、実学思想が尊王攘夷論のナショナリズムの知的側面と不可分の関係にあると指摘している［源一九八六―一九一］。

(10) 仁斎自身も、若い頃は朱子学から儒学に入っているのであり、また仁斎は、子安宣邦の綿密な研究が明らかにしているように、その著作の中で、朱子学の用語を読み替える形で自らの思想を明らかにしている［子安一九八二］。

(11) 「解釈学的循環」とは、マルティン・ハイデッガーが『存在と時間』において言及し、ハンス・G・ガダマーが『真理と方法』において発展させた概念であるが、その社会科学への応用については、Taylor［1987］を参照のこと。また、拙著『国力論――経済ナショナリズムの系譜』は、ヘーゲルの社会哲学の中に「解釈学的循環」を見いだしている［中野二〇〇八―一一四～六］。そのヘーゲルの「解釈学的循環」と、仁斎の「下学上達」を比較されたい。

(12) ところで、仁斎は、道と人とは密接不可分としていながら、他方で「道とは人有ると人無きとを待たず、本来自《おのずか》ら有るの物、天地に満ち、人倫に徹し、時として然らずということ無く、処《ところ》として在らずということ無し」［童子問巻の上―三四］とも述べ、道が、あたかも人を超越して存在する客観物であるかのように言ってもいる。これは、「人の外に道無く、道の外に人無し」と一見矛盾しているようである。

しかし、尾藤正英は、ここに矛盾はないと解釈している。尾藤によれば、「人の外に道無く」と言った時の「人」と、「道とは人有ると人無きとを待たず」と言った時の「人」とは、意味内容が違うのである。前者の「人」はすでに述べたように社会的・関係的存在としての人間である。これに対して、後者の「人」は、特定の社会関係に所属する側面を捨象して考えられた個人そのものなのである［尾藤一九六八］。この尾藤の理解は、仁斎の血脈をとらえた優れた解釈である。

(13) 生の哲学者オルテガもまた、仁斎と同じように、人間の複雑な生を単純化することなく、そのまま理解しようとし、そのためには、純粋理性とは別種の理性が必要であると論じ、それを'rasón vital'と呼んだ。この'rasón vital'の訳語は、そのまま「活道理」となるであろう。

(14) 「義」とは君臣関係のあり方でもあるが、主従関係の従たる地位と独立不羈の精神が矛盾すると考えるとしたら、それは現代人の悪癖である。自らの意志として、臣下として為すべき事を為す「義」を貫かんとして、大勢に反逆し、場合によっては主君に諫言する義士という者はあり得る。

(15) 源了圓は、この仁斎の「命」の概念が、徂徠の極めて宗教的性格の強い天命観を呼び起こしたと指摘している[源一九七七―一四〇～一]。

(16) オルテガは、後年、ヴィルヘルム・ディルタイの解釈学の影響を受けて、その'rasón vital'の概念を「歴史的理性(historical reason)」へと発展させたが、徂徠もまた、仁斎の「活道理」をさらに推し進めて「歴史的理性」へと到達したと言えるかもしれない。

(17) 西洋における保守思想の系譜については、例えば西部[一九九六]を参照のこと。

(18) 当時の経済社会の構造問題についての以上の記述は、野村[一九三三]及び辻[一九七三]を参照している。

(19) 「我々の頭上はどこへ行っても天があり、足下には地がある」という意味。

参考文献

会沢正志斎「新論」「下学邇言」「読直毘霊」「迪彝篇」（高須芳次郎編『水戸学全集第二編　会沢正志集』日東書院、一九三三）
会沢正志斎「時務策」「人臣去就説」（『日本思想大系53　水戸学』岩波書店、一九七三）
伊藤仁斎『論語古義』六盟館、一九〇九
伊藤仁斎『語孟字義』（『日本思想大系33　伊藤仁斎 伊藤東涯』岩波書店、一九七一）
伊藤仁斎『童子問』岩波文庫、一九七〇
井野邊茂雄　一九四二『新訂維新前史の研究』中文館書店
植手通有　一九七四『日本近代思想の形成』岩波書店
荻生徂徠『政談』岩波文庫、一九八七
荻生徂徠「徂徠先生答問書」（『荻生徂徠全集第六巻』河出書房新社、一九七三）
荻生徂徠「弁名」「弁道」「学則」（『日本思想大系36　荻生徂徠』岩波書店、一九七三）
荻生徂徠『論語徴1・2』（平凡社東洋文庫、一九九四）
桶谷秀昭　一九九六『昭和精神史』文春文庫
片岡龍　二〇〇八「分水嶺としての荻生徂徠」（苅部直・片岡龍編『日本思想史ハンドブック』新書館）
河原宏　一九六三『転換期の思想――日本近代化をめぐって』早稲田大学出版部
コシュマン、J・ヴィクター　一九九八『水戸イデオロギー――徳川後期の言説・改革・叛乱』ぺりかん社

後藤広子　一九七七「会沢正志斎における『国体』」(『日本大学精神文化研究所・教育制度研究所紀要』八号)
小林秀雄　一九七五『考えるヒント2』文春文庫
子安宣邦　一九八二『伊藤仁斎――人倫的世界の思想』東京大学出版会
子安宣邦　二〇〇七『日本ナショナリズムの解読』白澤社
坂本多加雄　一九九九『日本の近代2　明治国家の建設1871-1890』中央公論社
相良亨　一九九八『伊藤仁斎』ぺりかん社
佐藤誠三郎　二〇〇九『「死の跳躍」を越えて――西洋の衝撃と日本』千倉書房
司馬遼太郎　二〇〇三『司馬遼太郎対話選集3　日本文明のかたち』文藝春秋
清水茂　一九七〇「校注」(伊藤仁斎『童子問』岩波文庫)
田尻祐一郎　二〇〇八『叢書日本の思想家15　荻生徂徠』明徳出版社
張可佳　二〇〇九「伊藤仁斎の生々観にみる形而上学」(日本思想学部会報告、第四回国際日本学コンソーシアム)
辻達也　一九七三「『政談』の社会的背景」(『日本思想大系36　荻生徂徠』岩波書店)
ナカイ、ケイト・ワイルドマン　一九九四「武士土着論の系譜」(朝尾直弘編『岩波講座日本通史13　近世3』岩波書店)
長尾久　一九八一～八五「会沢正志斎の『新論』(一)～(五)」(『相模女子大学紀要』四五～四九号)
仲田昭一　一九七一「水戸藩に於ける土着論の研究」(『藝林』二二号)
中野剛志　二〇〇八『国力論――経済ナショナリズムの系譜』以文社

西部邁　一九九六『思想の英雄たち――保守の源流をたずねて』文藝春秋
西村文則　一九三六『會澤伯民』章華社
野村兼太郎　一九三三『荻生徂徠』三省堂
橋川文三　一九七四「水戸学の源流と成立」(『日本の名著29　藤田東湖』中央公論社)
橋川文三　一九九四『ナショナリズム――その神話と論理』紀伊国屋書店
尾藤正英　一九六八「伊藤仁斎における学問と実践」(『思想』五二四号)
尾藤正英　一九七三「水戸学の特質」(『日本思想大系53　水戸学』岩波書店)
尾藤正英　一九七四「国家主義の祖型としての徂徠」(『日本の名著16　荻生徂徠』中央公論社)
福沢諭吉『文明論之概略』岩波文庫、一九九五
福沢諭吉『学問のすゝめ』岩波文庫、一九七八
福沢諭吉「通俗国権論」(寺崎修編『福澤諭吉著作集第7巻』慶應義塾大学出版会、二〇〇三)
福沢諭吉「帝室論」「尊王論」(坂本多加雄編『福澤諭吉著作集第9巻』慶應義塾大学出版会、二〇〇二)
福沢諭吉「時事小言」(岩谷十郎・西川俊作編『福澤諭吉著作集第8巻』慶應義塾大学出版会、二〇〇三)
藤田幽谷「正名論」「丁巳封事」(『日本思想大系53　水戸学』岩波書店、一九七三)
星山京子　二〇〇八「後期水戸学と『近代』――会沢正志斎を中心に」(『大航海』六七号)
堀切和雅　二〇一〇『なぜ友は死に俺は生きたのか――戦中派たちが歩んだ戦後』新潮社
前田勉　一九九六『近世日本の儒学と兵学』ぺりかん社
丸山眞男　一九五二『日本政治思想史研究』東京大学出版会

丸山眞男　一九九二『忠誠と反逆――転形期日本の精神史的位相』筑摩書房
松本健一　二〇〇八『開国のかたち』岩波現代文庫
三谷博　一九九七『明治維新とナショナリズム――幕末の外交と政治変動』山川出版社
源了圓　一九七三『徳川思想小史』中公新書
源了圓　一九七六「徂徠試論――徂徠の政治思想における文化と宗教の問題をめぐって」（『季刊日本思想史』二号）
源了圓　一九七七「伊藤仁斎の実学観とその思想」（『東北大学文学部研究年報』二六号）
源了圓　一九八六『実学思想の系譜』講談社学術文庫
吉川幸次郎　一九七五『仁斎・徂徠・宣長』岩波書店
吉田俊純　一九七五「後期水戸学と奇兵隊諸隊――後期水戸学の再評価を求めて」（『茨城県歴史館報』二号）
吉田俊純　二〇〇三『水戸学と明治維新』吉川弘文館（歴史文化ライブラリー）
渡辺浩　一九九七『東アジアの王権と思想』東京大学出版会
渡辺浩　二〇一〇『日本政治思想史［十七〜十九世紀］』東京大学出版会
和辻哲郎　一九六四『鎖国――日本の悲劇』筑摩叢書（原著一九五〇、筑摩書房）
Arendt, Hannah (1977) 'What is Authority?' in Hannah Arendt, *Between past and future: eight exercises in political thought*, New York: Penguin Books.
Arendt, Hannah (1990) *On Revolution*, New York: Penguin Books.
Canovan, Margaret (1998) *Nationhood and political theory*, Cheltenham: Edward Elgar.

Ferguson, Adam (1995) *An Essay on the History of Civil Society*, Edited by Fania Oz-Salzberger, Cambridge: Cambridge University Press.

Gray, John (2000) *Two faces of liberalism*, New York: The New Press.

Oakeshott, Michael (1991) *Rationalism in Politics and Other Essays*, Indianapolis: Liberty Fund.

Simmel, Georg (2010) "Life as Transcendence", in Georg Simmel, *The View of Life*, University of Chicago Press.

Snyder, Jack (2000) *From Voting to Violence: Democratization and Nationalist Conflict*, New York: W. W. Norton.

Taylor, Charles (1987) "Interpretation and The Sciences of Man," in Paul Rabinow and William M. Sullivan (eds.) *Interpretive Social Science: A Second Look*, University of California Press.

ちくま新書
946

日本《に》本《ほん》思《し》想《そう》史《し》新《しん》論《ろん》
――プラグマティズムからナショナリズムへ

二〇一二年二月一〇日 第一刷発行
二〇一七年一一月五日 第八刷発行

著者 中野剛志（なかの・たけし）

発行者 山野浩一
発行所 株式会社 筑摩書房
東京都台東区蔵前二-五-三 郵便番号一一一-八七五五
振替〇〇一六〇-八-四一二三
装幀者 間村俊一
印刷・製本 株式会社 精興社

乱丁・落丁本の場合は、左記宛にご送付ください。
送料小社負担でお取り替えいたします。
ご注文・お問い合わせも左記へお願いいたします。
〒三三一-八五〇七 さいたま市北区櫛引町二-六〇四
筑摩書房サービスセンター 電話〇四八-六五一-〇〇五三

ISBN978-4-480-06654-1 C0210

655
政治学の名著30
佐々木毅

古代から現代まで、著者がその政治観を形成する上でたえず傍らにあった名著の数々。選ばれた30冊は混迷を深める時代にこそますます重みを持ち、輝きを放つ。

819
社会思想史を学ぶ
山脇直司

社会思想史とは、現代を知り未来を見通すための、過去の思想との対話である。近代啓蒙主義からポストモダニズムまで、その核心と限界が丸ごとわかる入門書決定版。

469
公共哲学とは何か
山脇直司

滅私奉公の世に逆戻りすることなく私たちの社会に公共性を取り戻すことは可能か？　個人を活かしながら公共性を開花させる道筋を根源から問う知の実践への招待。

907
正義論の名著
中山元

古代から現代まで「正義」は思想史上最大のテーマのひとつでありつづけている。プラトンからサンデルに至る主要な思想のエッセンスを網羅し今日の課題に応える。

893
道徳を問いなおす
――リベラリズムと教育のゆくえ
河野哲也

ひとりで生きることが困難なこの時代、他者と共に生きるための倫理が必要となる。「正義」「善悪」「権利」とは何か？　いま、求められる「道徳」を提言する。

852
ポストモダンの共産主義
――はじめは悲劇として、二度めは笑劇として
スラヴォイ・ジジェク
栗原百代訳

9・11と金融崩壊でくり返された、グローバル危機という掛け声に騙されるな――闘う思想家が混迷の時代を分析、資本主義の虚妄を暴き、真の変革への可能性を問う。

922
ミシェル・フーコー
――近代を裏から読む
重田園江

社会の隅々にまで浸透した「権力」の成り立ちを問い、常識的なものの見方に根底から揺さぶりをかけるフーコー。その思想の魅力と強靭さをとらえる革命的入門書！

ちくま新書

912 現代語訳 福翁自伝 福澤諭吉 齋藤孝編訳

近代日本最大の啓蒙思想家福沢諭吉の自伝を再編集&現代語訳。痛快で無類に面白いだけではない。読めば必ず、最高の人生を送るためのヒントが見つかります。

766 現代語訳 学問のすすめ 福澤諭吉 齋藤孝訳

論吉がすすめる「学問」とは？ 世のために動くことで自分自身も充実する生き方を示し、激動の明治時代を導いた大ベストセラーから、今すべきことが見えてくる。

877 現代語訳 論語 齋藤孝訳

学び続けることの中に人生がある。——二千五百年間、読み継がれ、多くの人々の「精神の基準」となった古典中の古典を、生き生きとした訳で現代日本人に届ける。

906 論語力 齋藤孝

学びを通した人生の作り上げ方、社会の中での自分の在り方、本当の合理性、柔軟な対処力——。『論語』の中には、人生に必要なものがすべてである。決定的入門書。

861 現代語訳 武士道 新渡戸稲造 山本博文訳／解説

日本人の精神の根底をなした武士道。その思想的な源泉はどこにあり、いかにして普遍性を獲得しえたのか？ 世界的反響をよんだ名著が、清新な訳と解説でいま甦る。

764 日本人はなぜ「さようなら」と別れるのか 竹内整一

一般に、世界の別れ言葉は「神の身許によくあれかし」、「また会いましょう」、「お元気で」の三つだが、日本人にだけ「さようなら」がある。その精神史を探究する。

769 独学の精神 前田英樹

無教養な人間の山を生んだ教育制度。世にはびこる賢しらな教育論。そこに決定的に欠けた視座とは？ 身ひとつで学び生きるという人間本来のあり方から説く学問論。

ちくま新書

910
現代文明論講義
——ニヒリズムをめぐる京大生との対話
佐伯啓思
殺人は悪か？　民主主義はなぜ機能しないのか？——ニヒリズムという病が生み出す現代社会に特有の難問について学生と討議する。思想と哲学がわかる入門講義。

866
日本語の哲学へ
長谷川三千子
言葉は、哲学の中身を方向づける働きを持っている。和辻哲郎の問いを糸口にパルメニデス、デカルト、ハイデッガーなどを参照し、「日本語の哲学」の可能性をさぐる。

847
成熟日本への進路
——「成長論」から「分配論」へ
波頭亮
日本は成長期を終え成熟フェーズに入った。旧来の成長モデルの政策も制度ももはや無効であり改革は急務である。国民が真に幸せだと思える国家ビジョンを緊急提言。

905
日本の国境問題
——尖閣・竹島・北方領土
孫崎享
どうしたら、尖閣諸島を守れるか。竹島や北方領土は取り戻せるのか。平和国家・日本の国益に適った安全保障とは何か。国防のための国家戦略が、いまこそ必要だ。

851
競争の作法
——いかに働き、投資するか
齊藤誠
なぜ経済成長が幸福に結びつかないのか？　標準的な経済学の考え方にもとづき、確かな手触りのある幸福を築く道筋を考える。まったく新しい「市場主義宣言」の書。

396
組織戦略の考え方
——企業経営の健全性のために
沼上幹
組織を腐らせてしまわぬため、主体的に思考し実践しよう！　組織設計の基本から腐敗への対処法まで「これウチの会社！」と誰もが嘆くケース満載の組織戦略入門。

902
日本農業の真実
生源寺眞一
わが国の農業は正念場を迎えている。いま大切なのは食と農の実態を冷静に問いなおすことだ。農業政策の第一人者が現状を分析し、近未来の日本農業を描き出す。